AS LIÇÕES DE 21
PERSONAL CASES

Organizador
Sérgio Costa

AS LIÇÕES DE 21
PERSONAL CASES

Organizador
Sérgio Costa

FGV
EDITORA

ISBN 85-225-0511-X

Copyright © Sérgio Costa

Direitos desta edição reservados à
EDITORA FGV
Rua Jornalista Orlando Dantas, 37
22231-010 — Rio de Janeiro, RJ — Brasil
Tels.: 0800-21-7777 — 21-2559-4427
Fax: 21-2559-4430
e-mail: editora@fgv.br — pedidoseditora@fgv.br
web site: www.editora.fgv.br

Impresso no Brasil / *Printed in Brazil*

Todos os direitos reservados. A reprodução não autorizada desta publicação, no todo ou em parte, constitui violação do copyright (Lei nº 9.610/98).

Os conceitos emitidos neste livro são de inteira responsabilidade dos autores.

1ª edição — 2005

1ª reimpressão — 2007

Revisão de originais: Aleidis de Beltran

Capa: aspecto:design

Foto de capa: Gentilmente cedida por Luca Pellanda
www.FluidDesignLab.com

Ficha catalográfica elaborada pela Biblioteca
Mario Henrique Simonsen/FGV

As lições de 21 personal cases / Organizador Sérgio Costa. — Rio de Janeiro : Editora FGV, 2005.
160p.

1. Administração de empresas — Estudo de casos 2. Administradores de empresas. I. Costa, Sérgio. II. Fundação Getulio Vargas

CDD — 658.00722

APRESENTAÇÃO

COM A PALAVRA, OS TOP MANAGERS

Em 1986 a Insight Engenharia de Comunicação lançou, com o apoio da Fundação Getulio Vargas e da Associação Brasileira dos Analistas do Mercado de Capitais (Abamec), o Concurso Nacional de Estudos de Casos em Administração e Finanças – Prêmio Mario Henrique Simonsen.

A iniciativa resultou na edição de cinco livros, com a reprodução integral de todos os trabalhos.

E inspirou outro projeto ambicioso: uma publicação bimestral que descrevesse modelos, tecnologias, processos, planejamentos e programas que estivessem revolucionando o universo empresarial brasileiro.

Surgiu *Case Studies – Revista Brasileira de Management*, editada pela Insight. Como Diretor Responsável, um dos principais idealizadores do Prêmio Mario Henrique Simonsen: o economista Roberto Terziani, ex-presidente da Abamec.

A revista publica, há oito anos, verdadeiras radiografias de processos gerenciais exemplares. E em 2000 incorporou uma nova seção: o *Personal Case*, onde alguns dos mais bem-sucedidos executivos de nosso ambiente empresarial falam de experiências e conceitos que levaram à formação do *manager*.

A Insight e a Editora FGV reuniram, neste livro, 21 desses ricos depoimentos. Esperamos que os relatos sirvam de ensinamento e inspiração, principalmente para as futuras gerações de CEOs das empresas brasileiras.

E todo esse conhecimento acumulado, que teve início há quase 20 anos com o Concurso Nacional de Estudos de Casos, não seria possível sem o espírito empreendedor, a dedicação e o brilhantismo do jornalista Luiz Cesar Faro, sócio-fundador da Insight, idealizador do prêmio e eterno defensor da disseminação das melhores práticas de *management*. A excelência na gestão agradece.

Boa leitura.

Sérgio Costa
Organizador

ÍNDICE

ADRIANO SCHINCARIOL 8
(SUPERINTENDENTE DO GRUPO SCHINCARIOL)

ÁLVARO DE SOUZA 14
(EMPRESÁRIO E EX-PRESIDENTE DO CITIBANK)

ANTONIO MACIEL NETO 19
(PRESIDENTE DA FORD AMÉRICA DO SUL E BRASIL E VICE-PRESIDENTE CORPORATIVO MUNDIAL DA FORD)

CARLOS SALLES 26
(PRESIDENTE DA TORMES CONSULTORIA EMPRESARIAL E EX-PRESIDENTE DA XEROX DO BRASIL)

CELINA BORGES TORREALBA CARPI 34
(MEMBRO DO CONSELHO DE ADMINISTRAÇÃO DO GRUPO LIBRA)

EDSON BUENO 40
(PRESIDENTE DO GRUPO AMIL)

EDUARDO BERNINI 46
(PRESIDENTE DA AES-ELETROPAULO E EX-PRESIDENTE DA EDP BRASIL)

ELCIO ANIBAL DE LUCCA 54
(PRESIDENTE DA SERASA)

FERNANDO ALVES 63
(PRESIDENTE DA PRICEWATERHOUSECOOPERS - BRASIL)

FRANCISCO VALIM FILHO 69
(DIRETOR-GERAL DA NET SERVIÇOS DE COMUNICAÇÃO)

HÉLIO NOVAES 77
(VICE-PRESIDENTE EXECUTIVO DA SULAMÉRICA SEGUROS)

JOÃO COX 82
(EX-PRESIDENTE DA TELEMIG CELULAR E DA AMAZÔNIA CELULAR E SÓCIO DA COX ADVISORY)

JONIO FOIGEL 88
(PRESIDENTE DA ALCATEL)

JULIO CARDOSO 95
(EX-PRESIDENTE DA SEARA ALIMENTOS)

LUIZ ANTONIO VIANA 103
(DIRETOR-PRESIDENTE DA SUSSEX INTERNATIONAL E EX-PRESIDENTE DA PETROBRAS DISTRIBUIDORA)

MAURÍCIO BÄHR 110
(COUNTRY MANAGER DA SUEZ ENERGY INTERNATIONAL E CHAIRMAN DA TRACTEBEL ENERGIA S.A.)

PAULO RICARDO DE OLIVEIRA 119
(DIRETOR-SUPERINTENDENTE DA DE LA RUE CASH SYSTEMS)

RINALDO CAMPOS SOARES 126
(PRESIDENTE DA USIMINAS)

RODOLFO LANDIM 135
(PRESIDENTE DA PETROBRAS DISTRIBUIDORA)

SÍLVIO CORRÊA DA FONSECA 141
(DIRETOR-SUPERINTENDENTE DA LINCX SERVIÇOS DE SAÚDE)

WILSON FERREIRA JR. 149
(PRESIDENTE DA CPFL ENERGIA)

ADRIANO SCHINCARIOL
SUPERINTENDENTE DO GRUPO SCHINCARIOL

O DESAFIO DA SUCESSÃO

O jovem Adriano mal tinha completado 17 anos quando um dia o pai perguntou: "Você não vai trabalhar?" Trocou de roupa e seguiu para o primeiro dia de batente na empresa, o grupo Schincariol, fundado pelo avô em 1930 e comandado pelo pai, José Nelson Schincariol, até agosto de 2003. A sucessão foi um choque raramente vivido por um executivo. "Seu" Nelson, como era conhecido na cidade paulista de Itu, berço da família Schincariol e sede do grupo, faleceu após ter sido baleado quando chegava em casa. A perda aconteceu quando a companhia estava para lançar a Nova Schin, em uma das maiores campanhas publicitárias da história do marketing brasileiro. Restou a Adriano, na época com 26 anos, formado em Administração de Empresas, assumir o comando do negócio. "Foi meu maior desafio", lembra. Um desafio mais do que superado, apesar das trágicas circunstâncias. A meta era a Nova Schin ter um crescimento de 50% no seu market share em três anos, mas isto foi alcançado em três meses.

O COMEÇO NA FÁBRICA

"A cada dia montávamos uma estratégia e íamos conhecendo mais a companhia. Tive várias experiências marcantes neste aprendizado. Uma delas aconteceu na área de compras, onde comecei. Víamos que o pessoal brigava, mas não havia uma força, um estímulo. Peguei um processo de compra de um determinado item, liguei para o fornecedor, sem me identificar pelo sobrenome, e negociei. Fazia tempo que o nosso funcionário estava comprando o produto a um determinado valor, sem negociar, sem brigar um pouquinho. Liguei para o fornecedor e comecei a barganhar. Consegui uma redução de vinte por cento. E pensei: 'Espera aí, consegui isto e nunca mexi nesse negócio. Alguma coisa está errada'. Eu era meio inocente, não conhecia muito e liguei para o meu pai: 'Está certo isso aqui?' Na minha primeira incursão em uma área a gente consegue encontrar um erro. A conclusão é que a mão do dono é que faz o negócio andar."

PASSO A PASSO

"O ensino básico de conhecer todas as áreas da empresa ajudou muito. Sabíamos como funcionava do portão para dentro. E precisávamos trabalhar do portão para fora. Para isto foi criada toda uma nova estratégia, com pessoas novas, empresas novas complementares ao trabalho. Sempre tínhamos, por exemplo, trabalhado com foco na área comercial, em botar o produto do portão para fora. Mas vimos que na parte de marketing faltava um trabalho específico. A partir de 2000 criamos uma diretoria, começamos a trabalhar com foco, verba destinada, planejamento. Fizemos pesquisa, analisamos o produto, como a empresa era vista no mercado, tudo isso. Até decidirmos criar a Diretoria de Marketing, a única coisa vista como investimento era em ativos como geladeira, mesa, cadeira, freezer. Isto era marketing, antigamente. Faltava uma visão diferenciada do que é realmente este trabalho. Tinha verba, mas era jogado dinheiro fora, às vezes, em algumas coisas que não davam resultado. Concluímos que era necessário algo diferente."

NOVO FOCO

"Definimos o foco. A Diretoria de Marketing ficou responsável pela imagem do produto, e a Diretoria Comercial cuidando da venda. E começamos a trabalhar, com mudanças na estratégia. Por exemplo, passamos a investir mais na promoção via faixas, cartazes. Tínhamos verba, e foi feita uma seleção entre várias agências. A Fischer ganhou a concorrência e começamos a trabalhar no projeto. Qual o primeiro passo? O que precisamos fazer? Qual o problema do produto? Existe mais um problema da imagem da empresa? Schincariol e Schincariol são a mesma coisa, produto e empresa vistos da mesma forma? Então, vamos trabalhar a empresa primeiro."

HARMONIZANDO A ESTRATÉGIA

"Já existia um departamento de marketing interno, só que não era bem trabalhado. Não existia uma verba anual: 'Ah, vamos gastar isso em marketing'. A gente fazia e parava, fazia e parava, entrava e parava. O primeiro estágio foi fechar uma campanha ao longo do ano. Fizemos a Fórmula Um. Antes existia aquele conceito de que 'a mídia é muito cara, vamos parar de investir'. Porque não existia um plano de trabalho, e ele foi criado. Delegamos isso a um diretor comercial, que assumiu junto com o diretor de marketing. Está sendo feito um trabalho conjunto, agora. Unificamos os dois porque, mesmo fortalecendo o marketing em alguns locais, a área comercial trabalhava sozinha. Então, a área comercial trabalhava separada. O marketing estava fazendo um tipo de evento e a área comercial, outro; o marketing valorizando determinado produto, e a área comercial focando outro produto. Estamos equalizando isto, porque os dois precisam trabalhar juntos."

A IMAGEM

"Não adianta uma empresa com uma carga negativa e um produto bom. Não dá certo. Mudamos o logo, trouxemos alguma coisa de modernidade para companhia. Precisávamos mostrar que a Schincariol não faz só cerveja. É um grande grupo, que faz cerveja, refrigerante, água. Que tem negócios em outras áreas, como distribuição, pecuária... Também procuramos mostrar o tamanho do grupo: seis fábricas, o número de empregados e faturamento etc. Este foi o primeiro passo. O segundo era retratar nosso produto não só na imagem. Lançamos a Nova Schin, mudando sabor, rotulagem, adequando fábricas. Uma verdadeira lavagem cerebral no produto antigo. E deu certo, o resultado está aí."

PRÁTICA E TEORIA

"Fiz vários cursos. No Brasil, na Argentina, no Institute for Management Development, o IMD, da Suíça. Mas o que valeu foi estar estudando e trabalhando ao mesmo tempo. Se fosse para São Paulo só estudar, não daria valor ao que há do portão para dentro. Acho que foi isso que mudou muito. A educação acadêmica mostrou que, do portão para dentro, tem excelência de qualidade, só que do portão para fora faltava alguma coisa. Esse foi o meu foco: fazer um planejamento de longo prazo, pegar as melhores pessoas, colocar a verba no que a gente achava que fosse positivo. E trabalhar em cima da pesquisa feita, que demonstrou que o produto tinha dificuldades e deficiências em algumas áreas."

NOVOS NEGÓCIOS

"Agora criamos um conselho, com a proposta de identificar novos negócios. O conselho já está desenvolvendo planos para a agricultura e a pecuária, por exemplo. Aliás, o conselho é independente da cervejaria. A cervejaria é Grupo Schincariol, o conselho também é Grupo Schincariol, só que focados em situações diferentes. Essa é a idéia que estamos trabalhando agora."

VISÃO DE FUTURO

"Se mantivéssemos a Schincariol e apenas mudássemos o rótulo, não mudaríamos nada. Então agregamos coisas novas ao produto, trouxemos o jovem para o novo. Hoje, quem tem 16, 17 anos possui uma imagem completamente diferente de uma pessoa que tem 26, 27 anos e conheceu a Schincariol lá atrás. Qual é a idéia? Pegar esse público no começo e, daqui a alguns anos, quando ele tiver capacidade financeira, vai estar com a imagem do produto novo. Vai consumir o produto com mais freqüência, sem a barreira que o pessoal tinha da antiga Schincariol. Essa é a estratégia. Problemas? Só a concorrência. O resto foi 100% como estávamos prevendo."

MUDANDO A CULTURA

"O maior desafio foi mudar a cultura da companhia, de uma empresa industrial para uma empresa voltada do portão para fora. O segundo foi, após a saída do meu pai, assumir o começo da campanha. Estávamos lançando a campanha no Brasil 10 dias depois que tudo aconteceu. Esse foi o maior desafio, manter toda a estratégia apesar de tudo. O avião estava subindo, e de uma hora para outra o comandante saiu do comando. Não havia co-piloto, e o comissário de bordo teve de assumir o controle. Não tive nem tempo de ficar pensando no que aconteceu. O desafio era grande, continuar com toda a estratégia. Ainda mais com uma concorrência tão forte batendo na gente."

GUERRA DE GUERRILHA

"Desde cedo, a educação que tivemos foi lutar. Não é uma dificuldade nova. Sempre foi trabalho, trabalho, trabalho. Não existe medo com relação à concorrência. Precisamos é de um trabalho bem-feito. Lógico que algumas fórmulas de guerra nós não conhecíamos, porque simplesmente não estavam no nosso dia-a-dia. Mas precisamos conhecer, saber driblar e até usar algumas dessas armas. Nossa estratégia era de guerrilha, enquanto a concorrência usa a bomba atômica!"

AÇÃO SOCIAL

"Não tínhamos uma política de relacionamento do portão para fora com o governo, com a sociedade e a comunidade. Hoje, temos. Criamos, por exemplo, um programa de ações sociais. Fizemos uma doação de padarias em São Paulo, e também de 12 carretas de água para o Programa Fome Zero. Temos um acordo com o Hospital Santa Marcelina, de São Paulo: a cada caixa de cerveja em lata vendida na fábrica de Itu, doamos um centavo para o hospital. Todos esses eventos representam investimentos de, aproximadamente, R$ 600 mil a R$ 700 mil anuais em projetos sociais."

O CAPITAL HUMANO

"Também passamos a valorizar ainda mais o capital humano. Hoje, temos 7 mil funcionários. Nunca tivemos uma greve no grupo, pois sempre nos antecipamos aos dissídios. Isto demonstra a honestidade da empresa, a preocupação com o ser humano. Temos um forte programa de *trainee* nas fábricas. De 5 mil inscritos, 30 foram convocados a trabalhar. E estamos reestruturando todas as nossas diretorias. Todas as pessoas que estão entrando já trabalham na empresa, não contratamos ninguém de fora. Essa é nossa estratégia."

ÁLVARO DE SOUZA
EMPRESÁRIO E EX-PRESIDENTE DO CITIBANK

PARA O MANAGER, O CÉU É O LIMITE

Álvaro de Souza é o que se pode chamar de um verdadeiro livro de lições de management. Ex-presidente do Citibank no Brasil e ex-vice-presidente executivo do banco para a área de Consumer Business (leia-se varejo) na América Latina, ele teve a tarefa diária de administrar 10 milhões de clientes e 17 mil funcionários distribuídos por 18 países. "Aprender a usar o marketing para atender a milhões de clientes é uma experiência inigualável", diz. O management, na verdade, não foi uma escolha de início de carreira. "Eu queria ser arquiteto. Mas tenho uma qualidade ou desvantagem: queria também ganhar dinheiro, e não dava para conciliar as duas coisas", revela o executivo, que se formou em Administração de Empresas e Economia. "Foi meu primeiro turning-point", recorda. Depois de entrar no banco ainda estudante – "Queria comprar um carro, não tinha dinheiro e resolvi procurar um emprego" – e chegar ao board, Álvaro de Souza diz que outra lição da carreira foi não impor limites: "Não há limite. Você vai tão longe quanto quiser".

O PLANO B

"Criei-me profissionalmente em uma época de inflação alta. E para quem vivia no mercado financeiro, aquela dose inicial de criatividade, que acabou virando adaptabilidade, se transformou em parte do *modus* de sobrevivência. Não existia um dia igual ao outro. Você tinha de estar constantemente se adaptando a novas situações. E precisava ter sempre, na sua cabeça, um tempo para aquilo que não ia funcionar direito. Não adiantava fazer um planejamento e não deixar um espaço para um imprevisto. A primeira grande lição: se você está em um mercado emergente, que tem as imperfeições da América Latina, precisa ter sempre um Plano B. Porque alguma coisa vai dar errado, não vai funcionar. É Lei de Murphy: aos 44 minutos do segundo tempo, algo não vai sair como você queria. Todos os executivos bem-sucedidos que conheci, em minha carreira, sempre tinham um plano de contingência para qualquer coisa: lançamento de produto, iniciativa de mercado, estratégia de marketing etc. E não é um plano de contingência pensado muito superficialmente. É um plano na mão, que você abre a gaveta e diz: 'tá bom, não funcionou? É assim que nós vamos fazer agora'. Toda a capacidade de adaptabilidade para lidar com situações difíceis tem um grande inimigo, que é o tempo. Então me acostumei a me preparar para enfrentar algo que não sabia o que era, e que não se trata apenas de um imprevisto. Eu era diretor financeiro do Citibank, por exemplo, quando foi anunciado o Plano Cruzado, em 1986. Ficamos 72 horas no escritório, até o fim do feriado bancário. Na segunda- feira, o último dia, o nível de estresse era tão grande que contratamos um palhaço para distrair o pessoal."

VISÃO GLOBAL

"Banco é uma das coisas que aprendi a fazer. O banco de investimento me tirou da mesmice do banco comercial, de fazer empréstimos, para pensar em economias, clientes, de uma maneira muito mais macro. Passei a entender mercado de capitais, as deficiências que o Brasil tem em formação de poupança. Apesar de ser economista e administrador de empresas por formação, eu sempre pensei muito micro. Passei a ter uma visão muito mais ampla, ao analisar como o cliente, a empresa era no todo, quais as chances de sobrevivência, de competitividade. E a coisa foi indo de tal maneira que só o horizonte Brasil já não era suficiente. Lembro-me muito bem de que trabalhei em uma operação muito grande, de expansão de uma empresa de celulose no Brasil, no fim dos anos 1980. E entender só de papel e celulose no Brasil, na América Latina e globalmente não adiantava. Era preciso entender as variáveis do mercado de consumo de papel, a ameaça que representava na ocasião a informática, a automação da informação. Quando existe uma situação muito específica, deve-se pensar no todo primeiro. É como um funil. Você tem uma grande chance de resolver esse problema gerencial, administrativo ou mercadológico se você procurar entender o macro e vier descendo para o micro. Se fizer o contrário, vai perder alternativas de solução no caminho. É a formulação de qualquer estratégia que você tem em qualquer tipo de negócio. Uma coisa que me ajudou muito, ao longo da carreira, foi, ao me defrontar com situações específicas, conferir onde elas estavam inseridas, o que criou aquilo. Por exemplo: uma empresa lançou um produto há 35 anos, foi superbem-sucedido, mas o mercado mudou. Se você não entender qual foi a cabeça dos 35 anos atrás, os fatores de mercado que levaram àquilo, as chances de resolver o problema que tem na mão ficam enormemente diminuídas. Foi uma lição que entendi no *investment banking*. O foco só é inteligente se você entender o macro da situação."

PEOPLE MANAGEMENT

"Trabalhei em um banco menor, de família. Eu vinha de um ambiente extremamente profissionalizado, com recursos e infra-estrutura de sobra, com tudo. Quando você trabalha em uma empresa como o Citibank não dá valor a várias coisas, porque é apenas um dado. Na época, naquele banco menor, ficamos sem telefone por dois dias porque quando criei o banco esqueci de criar uma área para pagar as contas do banco. Todos os profissionais que estavam comigo também vinham de um ambiente onde, quando vinha uma conta, sempre tinha alguém para providenciar o pagamento. Mas tive uma lição superimportante: especialmente no mercado financeiro, o hardware não é importante, e sim o software. Ao contrário de uma empresa que produz um bem palpável, como um relógio ou uma caneta, no mercado financeiro o que a gente vende não é palpável nem tangível, não tem cor nem cheiro. Não tem nada. Ninguém sabe descrever o produto. Porque a gente não vende, na verdade, nada mais do que uma solução, uma idéia, uma experiência. A coisa mais próxima de um produto, no mercado financeiro, é um extrato, que hoje mostra os seus investimentos, quanto e onde você gastou no cartão de crédito e por aí afora. Então, o importante no mercado de serviços é gente. São as pessoas que atendem você, que o ajudam a investir. A menina que atende o telefone, por exemplo, faz diferença. E não adianta apenas essas pessoas serem bem treinadas, bem pagas. Eu posso demorar 10 anos para desenvolver um relacionamento com um cliente. E perdê-lo em 10 minutos, se, um dia, a atendente do Citifone responder de mau humor na hora em que esse mesmo cliente estiver precisando de alguma ajuda, porque saiu alguma coisa errada na conta dele. Então, a importância de desenvolver, treinar, tratar bem, dar colo, é muito, muito grande. Conheci gente na minha carreira que faz isso profissionalmente. Não é que eles sejam instintivamente bons em tratar pessoas, mas sim porque reconheceram essa tamanha importância do capital humano. Eu trabalhei posteriormente, no Citi, nos Estados Unidos, que tinha mais de 60 milhões de clientes. Tínhamos padrões de atendimento, de toque de telefone, de taxa de abandono que eram super-rigorosos. Porque, se você tem 60 milhões de clientes, e tem 0,1% de insatisfeitos, então são 6 mil clientes insatisfeitos. Nessa escala, que é a de varejo, é muito importante. No Citi, decidimos que os funcionários só precisariam usar gravata nas áreas em que os clientes também usam. O que isto fez bem para o espírito das pessoas. Dá a impressão de que rompeu uma barreira. Então, esse negócio de *people management* é uma das lições mais importantes. Nunca vi um *manager* bem-sucedido sem saber administrar o capital humano adequadamente."

SUA EXCELÊNCIA O ACIONISTA

"Também é preciso ter em mente a importância do acionista. Trabalhando no Citibank, nunca tinha prestado atenção nisto. Nossa acionista era a velhinha de Minnesota, ou um fundo de pensão em Miwaulkee. E varejo é completamente diferente de administrar qualquer negócio no que a gente se acostumou a chamar de instituição financeira."

EQUILÍBRIO

"Se você é ou quer ser um *manager*, pode ser brilhante em uma, duas ou três áreas. Mas nunca vai ser brilhante em todas. Então é preciso ter equilíbrio nessas áreas. Ser executivo é uma coisa; ser administrador é outra. Tem excelentes executivos que não são bons administradores. Sabem executar, mas não sabem fazer a estratégia. Acho que hoje em dia, especialmente no mercado globalizado, que está em fase de consolidação, você tem de ser executivo administrador generalista. Precisa entender os conceitos básicos, ter capacidade de liderança, de administrar recursos, capital humano. Já vi, por exemplo, lideranças carismáticas durarem nada, porque a liderança carismática não se sustenta. Já vi pessoas de excelente nível que, quando falam em público, fazem outras chorar. Mas essa liderança não tem fundamento, porque ela substitui a fundamentação da administração, de ter uma visão, de saber conduzir, pela personificação. Quando você tem uma posição como esta à qual eu cheguei, não é um trabalho para entrar às nove da manhã e sair às seis da tarde. Há demandas muito, muito pesadas. E outro grande desafio, quando se fala em equilíbrio, é achar o denominador com a família, com o interesse pessoal. Tem coisas que gosto de fazer para as quais eu arranjo tempo. Não adianta tentar invadir aquele espaço que eu não deixo."

ANTONIO MACIEL NETO
PRESIDENTE DA FORD AMÉRICA DO SUL E BRASIL E VICE-PRESIDENTE CORPORATIVO MUNDIAL DA FORD

"O CONHECIMENTO É FUNDAMENTAL"

O engenheiro Antonio Maciel Neto é entusiasmado pela prática de esportes. E foram paixões como o basquete que certamente ajudaram esse executivo a vencer os desafios da carreira. "Com a prática do esporte, aprende-se a ganhar e a perder, a trabalhar em equipe", empolga-se o paranaense de Apucarana que há quase quatro anos preside a Ford Brasil. Recentemente, Maciel voltou à Faculdade de Engenharia Mecânica da UFRJ, no Rio, onde se formou, para falar a algumas centenas de alunos. A platéia de futuros executivos ouviu um recado direto: dedicar-se à formação acadêmica e ampliar o conhecimento em outras áreas. "A concorrência, hoje, é muito acirrada. E para se estar no jogo é preciso ter fundamentos muito bem trabalhados."

A FORMAÇÃO

"Eu planejava estudar engenharia mecânica. Queria trabalhar na indústria, mas ligado à agricultura, inspirado pelo meu pai, um engenheiro-agrônomo empolgado pela tecnologia agrícola. Ele trabalhou a vida toda no Banco do Brasil, no interior do Paraná. Não foi fácil, mas ele criou os três filhos sem deixar que qualquer um deles trabalhasse durante os anos de estudo. Realmente, depois de todos esses anos, vejo que foi melhor começar com uma boa base acadêmica, o que faz uma tremenda diferença no mercado de trabalho."

O PRIMEIRO EMPREGO

"Saí do Paraná para fazer o curso superior de engenharia mecânica na UFRJ, no Rio de Janeiro. Em 1979, quando estava terminando a universidade, prestei concurso para a Petrobras. Conquistei a vaga concorrendo com 100 candidatos por uma vaga de engenheiro. Na empresa, ainda tive de fazer um ano de curso, com prova semanal e um *ranking* onde os primeiros colocados podiam escolher a área onde trabalhar. Fiquei entre os 10 primeiros e optei por trabalhar na área de desenvolvimento de fornecedores."

A GRANDE ESCOLA

"Trabalhei anos na Petrobras, entre 1980 e 1990, e aprendi muita coisa. É uma tremenda escola. Na carreira profissional você se depara com muitas opções, e com certeza a primeira é sempre a mais difícil. Normalmente, as oportunidades oferecem três alternativas: maior remuneração, maior visibilidade ou *status* na empresa ou mais aprendizado. Eu sempre optei por áreas novas, para estar sempre aprendendo. Na Petrobras, fiquei seis ou sete anos dedicando 70% do meu tempo a analisar empresas. Foram 300 no Brasil e 50 no exterior. Recebi vários convites para trabalhar em áreas mais específicas, o que representaria promoções com maior salário. Mas meu campo profissional ficaria muito restrito."

O MENTOR

"Também é importante, claro, ter a convivência com profissionais mais experientes. Eu tive vários mentores. Na Petrobras, por exemplo, recebi uma orientação inestimável de José Paulo Silveira."

DISPONIBILIDADE

"Também aprendi que foi bom dedicar muito tempo disponível à minha formação profissional, na base da carreira. Nos Estados Unidos é muito comum, mas no Brasil às vezes é difícil encontrar executivos com disposição para trabalhar fora do país, ou mesmo para se mudar para outra cidade. Na Petrobras, eu passei um ano no interior de Sergipe e um ano em Macaé, no norte do Estado do Rio. Cheguei, ainda, a passar 10 dias na Líbia. É uma característica do mundo moderno."

QUALIDADE

"As atividades e estudos relacionados com qualidade e produtividade sempre me atraíram muito. Escrevi artigos, participei de congressos e seminários. Na Petrobras fui convidado pelo então presidente da empresa, Carlos Santana, para chefiar uma área de planejamento estratégico, que acabara de ser criada. Fiquei dois anos na função, onde participei da elaboração de um planejamento estratégico de 10 anos."

A EXPERIÊNCIA NO GOVERNO

"Em 1990, fui trabalhar no Governo. Eu nem tinha votado no Collor, mas quando amigos do BNDES, como Luiz Paulo Velloso Lucas, e outros colegas foram trabalhar no Departamento de Indústria e Comércio, fui convidado para a equipe, como diretor-adjunto. Foi uma decisão difícil. Aos 32 anos, eu era um dos chefes de divisão mais novos da Petrobras, e minha carreira estava em ascensão. Mas ouvi os amigos e aceitei o convite, para aprender mais. Fiquei três anos, coordenei o Programa Brasileiro de Qualidade e Produtividade (PBQP) e participei da revisão de leis como Informática, Propriedade Intelectual, dos Portos e da criação das leis de Defesa dos Consumidores e da participação dos trabalhadores nos resultados das empresas. Com a saída de Collor e a reforma ministerial, fui convidado para o cargo de secretário-executivo do Ministério da Indústria e do Comércio, onde fiquei oito meses. Ao todo, minha experiência no Governo foi riquíssima."

A ENTRADA NO SETOR PRIVADO

"Recebi dezenas de convites ao deixar o ministério, mas decidi que não trabalharia em empresas que tivessem relacionamento direto com o Governo. Um dos convites, então, veio da Cecrisa Revestimentos Cerâmicos. Um grupo privado de grande porte, com oito fábricas e operações de exportação, mas em dificuldades, e com um processo de profissionalização em andamento. Aceitei, ainda em 1993, a missão de dirigir a empresa, o que incluía levantar concordatas, negociar com 1.200 credores à espera de pagamento e preparar a empresa para o futuro, que poderia ou não incluir a venda do controle acionário. Foram quatro anos de muito trabalho, mas as concordatas foram levantadas, a empresa superou as dificuldades. E ainda consegui, junto com os acionistas, concluir um processo de transição, deixando a empresa nas mãos de outro executivo."

NOVO DESAFIO

"Saindo da Cecrisa, admiti o desafio de outra reestruturação. Aceitei, em 1997, um convite do empresário Olacyr de Moraes, para levantar o Grupo Itamarati, com 23 empresas em uma *holding*, uma dívida de US$ 1 bilhão e dezenas de execuções judiciais. Eram reuniões constantes com os representantes dos mais de 60 bancos credores. Mas fomos conseguindo levantar as empresas uma a uma."

A IDA PARA A FORD

"Quando eu estada me dedicando à reestruturação da Ferronorte, recebi uma sondagem da Ford mundial, que estava mudando o presidente no Brasil. Passei um fim de semana nos Estados Unidos, para uma conversa com o presidente mundial da montadora, Jacques Nasser. A Ford queria que eu começasse imediatamente. Eu disse que, sendo assim, não poderia aceitar, porque ainda estava para concluir o acertado verbalmente com o Itamarati e iria cumpri-lo. Isto contou muito a meu favor. A Ford resolveu esperar, então, pelo fim de meu trabalho no Itamarati. Entre a primeira sondagem e o meu início na montadora, em julho de 1999, passaram-se quatro meses."

COMUNICAÇÃO

"Na Ford, um procedimento fundamental para a obtenção dos resultados foi uma ampla política de comunicação. Estou conversando sempre com funcionários, distribuidores, vendedores. Afinal, aprendi na minha carreira a importância de sempre trabalhar aberto a sugestões, comentários, contribuições de outras pessoas. Recebi alguns *feedbacks* que mudaram minha vida."

O VERDADEIRO PROFISSIONAL

"Até hoje já conversei com mais de três mil profissionais. E percebo que a grande diferença do mercado de trabalho é quem faz acontecer ou não, aquele que atinge resultados e objetivos previamente estabelecidos. Sempre existe uma dificuldade. Se tem projeto, não existe financiamento; se tem financiamento, o projeto não tem tecnologia, e por aí vai. O dia-a-dia é feito de soluções de problemas."

A IMPORTÂNCIA DA UNIVERSIDADE

"Vejo três pontos fundamentais na formação de um profissional. Primeiro, a base conceitual, um modelo mental para entender o problema; segundo, o método, que é a forma de enfrentar os obstáculos; e terceiro, o ambiente, feito pelas pessoas. E a universidade ajuda nestes três pontos. Ensina a pensar, ensina o método e ajuda na formação de pessoas que depois irão transformar o ambiente."

O ESPORTE

"As coisas não caem do céu, como o São Nunca no comercial da Ford. No ambiente de trabalho, dois mais dois não são igual a quatro. É preciso ter emoção, personalidade. O conhecimento do processo decisório e a capacidade de negociação também são muito importantes. O esporte também é fundamental na formação do executivo. Eu pratiquei muito, na minha época de universitário. Isto consolida amizades com pessoas de outras áreas."

A FORMAÇÃO GERAL

"Foi importante, na minha formação, aprender mais sobre marketing e vendas. O engenheiro é racional, entende da produção. Mas o comportamento humano na decisão de compra é uma outra ciência. Você pode ter o melhor produto do mundo, mas, se não sabe como vendê-lo... Os conhecimentos na área de finanças também são decisivos. É preciso saber sobre capital de giro, condições de financiamento, custos etc."

PROATIVIDADE

"Tem um outro lado da carreira que, ao contrário do conhecimento, não se aprende na escola: as características pessoais. Aprendi, por exemplo, que o comportamento negativo, a reclamação constante, não leva a nada. Afinal, problema acontece toda hora. Ou você fica contemporizando e reclamando, ou adota uma postura proativa e resolve. Também aprendi que é sempre necessário fazer as coisas bem-feitas. Em minha carreira profissional, eu sempre tive como metas os programas da qualidade."

O CONTROLE

"Nenhuma empresa hoje tem grandes margens de lucro, porque a concorrência é muito acirrada. Depois da revolução tecnológica, a capacidade das empresas para ofertar é simplesmente absurda. Para se estar no jogo é preciso ter fundamentos muito bem trabalhados. E para ganhar esse jogo tem de inovar, ter todos os processos sob controle, desde uma manufatura enxuta até uma rígida política de compras. A Ford brasileira, por exemplo, compra anualmente quase US$ 1 bilhão. Imagine o que significa conseguir uma redução de apenas dois por cento nesses custos."

A RESPONSABILIDADE SOCIAL

"A consciência da responsabilidade social cresceu muito nas empresas. Afinal, não é só ganhar mercado, ter lucros. Na Ford Brasil promovemos duas inovações nos últimos anos. Primeiro, organizamos a Gerência de Responsabilidade Social, que catalisa projetos e atividades. Mais de 70% dos funcionários da empresa admitiram que gostariam de fazer algum tipo de trabalho voluntário. Como, por exemplo, um especialista em finanças que pode ajudar nas contas de uma creche. Criamos em 1996 o Prêmio Ford de Conservação Ambiental, hoje em sua oitava edição. Na educação, trabalhamos com o Comunidade Solidária e apoiamos várias iniciativas, inclusive na alfabetização de adultos."

CARLOS SALLES
PRESIDENTE DA TORMES CONSULTORIA EMPRESARIAL
E EX-PRESIDENTE DA XEROX DO BRASIL

"A EMPRESA NÃO É UMA DEMOCRACIA"

Poucos assuntos tiram do sério o ex-presidente da Xerox do Brasil, Carlos Salles. Mas um deles é a apologia de métodos e processos revolucionários que, junto com a gestão compartilhada, formam a cartilha dos gurus do management no chamado Primeiro Mundo. "Empresa tem de ter liderança, caso contrário não vai a lugar nenhum", dispara este capixaba, que hoje comanda seu próprio negócio, a Tormes Consultoria Empresarial. A trajetória de Salles é o que se pode chamar de uma guinada de 180 graus em uma carreira. A família era de funcionários públicos, e o contato com a iniciativa privada era zero. O pai, Eurico Salles, morreu quando era ministro da Justiça. "Foi vitimado por um infarto, que eu tive em 1990, mas quando já existia a tecnologia para me salvar", comenta, referindo-se às pontes de safena que recebeu em Cleveland, quando o país enfrentava as turbulências dos primeiros meses do Plano Collor. Na Xerox, onde passou 30 anos, Salles transformou a operação brasileira em uma das mais rentáveis do mundo. E uma das armas foi o incentivo aos desafios, atacando a herança de um complexo de inferioridade dos tempos do Brasil Colônia. "No filme 'My Fair Lady', dois personagens, o professor Higgins e o coronel Pickering, são a encarnação perfeita da atitude imperialista britânica, fundamentada na certeza de que eles são superiores. Nós aqui fomos educados para nos considerarmos inferiores. Temos é de acreditar, ter coragem para fazer", afirma.

O COMEÇO

"Fui educado para ser funcionário público, que era o sonho de todo mundo. Na minha família, com exceção de dois ou três comerciantes, eram todos do funcionalismo, convencidos de que ali era o lugar certo para se estar. A grande ambição era ser funcionário do Banco do Brasil. O serviço público talvez tenha sido a elite brasileira nas décadas de 1930 e 40. Mas, na década de 1950, com a industrialização do país, começou a decadência. A concorrência com a iniciativa privada drenou muitos recursos. O serviço público era muito limitado, não se desenvolvia, e foi se transformando em uma atividade cada vez menos importante. Foi quando, com a morte de meu pai, me tornei arrimo de família aos 20 anos e fui trabalhar na Casa da Moeda."

APERFEIÇOANDO

"Nessa época, identificando as dificuldades que eu tinha de administrar um projeto em bases mais profissionais, fui para a Fundação Getulio Vargas em busca de mais conhecimentos em Administração de Empresas. A FGV formava basicamente administradores públicos, mas de qualquer maneira era uma formação academicamente mais indicada para me habilitar a futuros saltos maiores. Na Casa da Moeda tive a satisfação de conduzir um projeto que foi dotar o Brasil de sua primeira fábrica de cédulas, inaugurada em 1969. Antes fabricava-se de tudo: estatuetas, medalhas, espadins, menos dinheiro."

A MUDANÇA

"Aos 30 anos de idade eu era diretor dessa fábrica, que atraía muitos visitantes curiosos. Um deles foi o então presidente da Xerox, Henrique Sérgio Gregori. Como eu não conhecia a marca Xerox, que tinha acabado de chegar ao Brasil, achei que era algum fabricante de detergente. Gregori foi muito simpático, e me convidou para conhecer as instalações da Xerox. As conversas se seguiram, e em fevereiro de 70 eu entrei para a empresa."

O CHOQUE

"Entrei na Xerox como gerente da menor unidade operacional da empresa no Brasil. Era o Copicentro Rio, na Rua Sete de Setembro, no centro da cidade. E esse ingresso foi traumático. A realidade de uma empresa privada era completamente diferente. O funcionário público, via de regra, é treinado para gastar, e não para criar a verba. O pensamento predominante é o de que o dinheiro vem de algum lugar, ele chega. Em uma empresa privada, esse conceito muda. Se você não produz o dinheiro, ele não existe. Foi um choque enorme para mim. Eu não entendia nada do ambiente. Levei seis meses para começar a entender a coreografia. Mas tomei coragem, e havia muitas oportunidades. O Copicentro era uma organização ainda na sua infância. Afinal, a Xerox estava começando no Brasil, e era possível criar."

DESBRAVANDO

"Ganhei uma oportunidade de ouro em 1971. Naquela época, a Xerox do Brasil tinha 90% de sua operação concentrados nas cidades de São Paulo e do Rio de Janeiro. Na ocasião, o diretor-superintendente, Caio Aragão, considerava que isto representava uma vulnerabilidade muito séria. Qualquer concorrente que desembarcasse aqui ia começar justamente por esses dois mercados, atacando a área da qual a Xerox dependia quase que exclusivamente. Então, a empresa decidiu promover um programa de desconcentração geográfica, e recebi o comando da operação. Durante dois anos eu percorri o Brasil inteiro, abrindo filiais."

ASCENSÃO

"A expansão das operações pelo Brasil foi uma experiência muito rica, e me valeu a oportunidade de, em 1975, ir trabalhar nos Estados Unidos. A matriz queria fazer mais ou menos o mesmo projeto desenvolvido no Brasil em outros países da América Latina. Recebi a responsabilidade de fazê-lo nos países andinos: Venezuela, Colômbia, Equador, Peru, Bolívia e Chile. Foram dois anos. E, pelos bons resultados do trabalho, retornei ao Brasil em 1977 como diretor comercial, cargo que ocupei durante 12 anos, quando em 1989 assumi o lugar de Gunnar Vikberg como diretor-superintendente. Um ano depois, quando Henrique Sérgio Gregori faleceu, passei a acumular também a presidência."

MUDANDO O COMPORTAMENTO

"A única coisa de relevante que penso ter deixado na Xerox do Brasil está ligada ao lado comportamental. O livro que escrevi, *A sina do caranguejo*, é em grande parte calcado em experiências dessa época. Encontrei na Xerox mais ou menos o eco do comportamento nacional: da inferioridade, do não vai dar certo, do não adianta tentar, do isto não foi feito para nós. Todo esse comportamento pessimista que você ainda vê hoje. Tomei como centro de uma estratégia combater esse tipo de postura, e fazer as pessoas acreditarem na sua capacidade. Mesmo durante suas piores crises, o Brasil sempre representou oportunidades gigantescas para negócios. O país experimentou um progresso ciclópico em 50 anos. Saímos quase de um Bangladesh para um país de uma economia ainda imperfeita, mas bastante avançada. Eu olhava essas oportunidades todas, e dizia: 'se nós tivermos a atitude, a postura mental correta, somos imbatíveis'."

LIBERDADE

"Além da oportunidade de mercado e da atitude, também destaco o fato de estarmos naquele momento dentro da Xerox, uma empresa muito jovem e que nos deu liberdade suficiente para tocarmos um projeto que era diferente do que eles faziam fora daqui. Se estivéssemos tentando implantar um projeto desses em uma empresa com 70, 100 anos de operação no

Brasil, seria muito complicado. Acho que foi a conjugação dessas três coisas. E isto, aliás, acabou depois sendo amplamente reconhecido pela companhia."

MOTIVAÇÃO

"Não basta você ter um discurso. Também precisa caminhar, agir de acordo com ele. Se você acredita, tem de realizar ações naquela linha. A certa agressividade com que eu fui abrindo as operações no interior do Brasil dava sinais de que eu acreditava naquilo. Na Xerox do Brasil, o cargo de diretor comercial, que eu ocupei, comanda 75% do quadro da companhia. Na realidade, se chama diretor de operações. Então, você controla a grande massa, e para ela o discurso caiu muito bem. Basicamente, foi todo um processo de comunicação. Eu tive, por exemplo, uma dificuldade muito grande em convencer nossos companheiros do Rio Grande do Sul de que valia a pena dar o salto. Mas não tive nenhuma dificuldade no Nordeste. Um dia, de repente, marquei uma grande festa em Porto Alegre, e ninguém sabia o porquê. Foi no dia em que nossa operação no Rio Grande do Sul ficou maior do que a operação no Peru. Fui lá, levei os dados e comparei. Disse também que o Chile estava prestes a ser ultrapassado. Foi uma surpresa."

PELO OTIMISMO

"O processo de comunicação foi importante especialmente de 1981 a 1984, o período de grande depressão psicológica brasileira. A década perdida estava se configurando. Dava tudo errado para o Brasil, acabou o país etc. E nessa conjuntura negativa chegamos ao ponto de fazer o que chamávamos de 'jornal de boas notícias'. Tínhamos duas ou três pessoas garimpando boas notícias nos jornais. Qualquer uma: inauguração de fábrica, aumento na produção de grãos etc. Fazíamos uma montagem e mandávamos para o Brasil inteiro, procurando levantar o moral. Eu estava convencido, como estou até hoje, de que o maior impedimento ao crescimento brasileiro é a nossa mentalidade de aldeia. Se não fosse isto, cresceríamos muito mais."

INTERAÇÃO

"Sempre me irritou profundamente, nestes modismos organizacionais, o recurso sem limites ao e-mail. Imagine-me, em uma sala, me comunicando eletronicamente com outra pessoa na sala ao lado. Você acaba tirando a coisa mais preciosa da vida humana, que é a interação. O afastamento das pessoas é terrível. Na Xerox do Brasil, o que nós fizemos foi promover a aproximação. Esse discurso não era apenas escrito; eu ia atrás dizer pessoalmente, fazia palestras. Chegava no fim da tarde a uma filial e reunia um grupo, para conversar sobre a conjuntura e os negócios. Chega-se ao ponto em que, à medida que se abre esse diálogo, a temática se torna mais profunda. Daí porque não acredito nessa história de encher o prédio de secretárias eletrônicas, da comunicação por e-mail, de reuniões via teleconferência. Isto não funciona. O ser humano é puramente interativo."

TECNOLOGIA

"Não há nada de novo quando se fala em metodologias, processos, dentro das empresas. Hoje existe apenas a dramatização do que já existia. Você ouve falar mais das empresas que têm mais marketing. Sofisticaram seus processos, métodos, e continuaram no mesmo esquema, vendendo a fórmula da salvação da lavoura. Essa fórmula pode até se utilizar dessas metodologias todas, mas não é nenhuma panacéia, um remédio que com quatro pílulas ao dia resolve o problema. Se você não introduzir, na gestão da empresa, alguns conceitos fundamentais, não vai a lugar nenhum. E esses conceitos começam pela liderança. Tem de ter liderança na empresa. Vamos assumir: empresa não é democracia. O principal executivo não foi eleito por meio do sufrágio universal. Não tem Parlamento. Tem é um tribunal de contas chamado auditoria interna, um bicho-papão, implacável."

CLIENTE FAZ O FUTURO

"Você não é eleito pelos funcionários, e é colocado no cargo pelos acionistas, para ser líder. Mas do lado de fora existem os clientes. Eles podem destroçar o líder da empresa. Eles são a grande força, e decidirão se a empresa continua ou morre. E também é preciso ter claro o entendimento de que tudo numa empresa se faz através de pessoas. Empresa com tecnologia, mas com recursos humanos medíocres, está destinada ao fracasso. Empresa com tecnologia medíocre, mas com recursos humanos soberbos, sobrevive. As pessoas fazem diferença."

LIDERANÇA

"Para assumir o comando de uma organização, o executivo tem de ser uma pessoa muito forte na interação com pessoas. Acabou aquele tempo em que o executivo ficava trancado em uma sala, sem falar com ninguém, isolado do mundo. Tem de ser um grande comunicador, capaz de mover a empresa com palavras, atitudes, decisões. Tem de estar preparado para ter uma grande visibilidade. Em segundo lugar, precisa ter sensibilidade sobre o que é importante para a empresa e o que é apenas modismo. Em terceiro, tem de desenvolver uma capacidade gerencial que se resume em uma coisa muito simples: o galho em que cada macaco está sentado. Ou seja, o presidente de empresa que passa o tempo todo controlando a portaria de saída da fábrica, para saber quem está carregando o talher do refeitório, não administra nada. Delegação de autoridade e de responsabilidade é uma ferramenta essencial para o sucesso da empresa. Uma pessoa que vai começar uma carreira, e não tem essas capacidades, precisa desenvolvê-las."

O MAESTRO

"Gente capaz de pintar cenários para quem está no comando de uma organização, contrata-se. Tecnologia se compra. O que uma empresa precisa é de alguém que estabeleça uma visão para a empresa lá na frente, de que maneira ele quer que a companhia seja. E que ele seja o verdadeiro maestro. A orquestra sinfônica é um sucesso quando ela tem um grande maestro, capaz de atrair, manter e comandar grandes músicos. Ele, por certo, não é tão competente nos diversos instrumentos quando comparado com os músicos. Mas domina uma outra ciência, que é a da coordenação, da otimização. Se a organização não tem um desempenho adequado, a culpa é do líder. Afinal, ele tem o poder para escolher a melhor pessoa e não o fez. Aí você vê direitinho quem não é líder. É aquele que se cerca de medíocres, porque se sente ameaçado por todo mundo que está em volta. Aliás, é uma excelente fórmula para se avaliar o principal executivo de uma empresa. Se ele tem uma equipe de primeiríssima qualidade, ele é líder. Caso contrário, pode ser um impostor."

CELINA BORGES TORREALBA CARPI
MEMBRO DO CONSELHO DE ADMINISTRAÇÃO DO GRUPO LIBRA

"VISÃO GLOBAL, UMA ARMA DO EXECUTIVO"

Do alto do escritório que ocupa no 29º andar de um prédio comercial do Rio, a executiva Celina Borges Torrealba Carpi tem uma bela visão da Baía de Guanabara. O mar sempre marcou as lembranças de infância, já que a família de Celina foi responsável pela criação de algumas das maiores empresas de navegação do país. Mas ficou ainda mais presente quando esta engenheira diplomada pela UFRJ passou a formar-se como manager *no ambiente das operações de transporte marítimo.*

"Hoje, neste mercado, só sobrevivem os megatransportadores", ensina Celina, que, em 1998/1999, participou das negociações que levaram o Grupo Libra a se associar à maior empresa de transporte marítimo da América do Sul, a CSAV chilena. Executiva bem-sucedida em um ambiente tipicamente masculino, Celina busca nas memórias da família um outro exemplo de uma presença feminina influente no mundo da navegação. "O braço direito de meu avô era uma mulher, a Dona Maria. Ela tinha um cargo muito importante: cuidava da tesouraria..."

A FORMAÇÃO

"Sempre tive muita facilidade com números. Física, matemática... Na época, escolhia-se Direito ou Engenharia. Meu pai é engenheiro, mas eu escolhi a mesma profissão por uma questão de gostar da área de ciências exatas. No último ano do curso comecei a trabalhar nas empresas de minha família. Naquele tempo, em 1987, estávamos fundando o Banco Boreal. Ingressei no departamento técnico, onde se fazia a análise de empresas e ficava também a área de informática. Desde a faculdade eu já gostava da área de computação, fiz vários cursos."

A PRIMEIRA GRANDE EXPERIÊNCIA

"Na ocasião, eu ainda conhecia pouco o mercado financeiro. Eu fui encarregada de montar um programa de análise para preços de opções. Era uma época bem complicada, de inflação alta, antes do Plano Cruzado. Era difícil estabelecer preços para as ações. E não havia ainda a transparência que temos hoje. Para entender de verdade uma companhia, era preciso se dedicar muito."

REESTRUTURAÇÃO

"Trabalhei no Banco Boreal durante três anos. Depois, no fim de 1989, resolvemos fazer uma reestruturação em nossas atividades de navegação, no Grupo Libra, onde tínhamos seis empresas. Até então elas tinham administrações separadas, independentes, e operavam em diferentes regiões do mundo: Europa, Estados Unidos, América do Sul etc. A abertura estava acirrando a competição, e no processo de reestruturação visamos a criação de uma área comum a todas as seis empresas. Nessa área ficariam as atividades financeira, contábil, administrativa, enfim, todas as atividades-meio, mantendo a independência nas atividades-fim. Fui convidada para ser a responsável pela parte contábil e de uma parte comum operacional, a logística de contêineres. Fiquei quatro anos. Foi uma grande experiência em gestão."

A LOGÍSTICA

"Esse trabalho na reestruturação do Grupo Libra foi meu primeiro contato com a área operacional na atividade de transporte marítimo. Na área de contêineres havia poucas pessoas, porque o trabalho ainda era muito manual e de pouco controle. A logística era muito descentralizada, porque as próprias agências de navegação, que eram as representantes, a faziam. Por um lado era um trabalho de pouca atenção, mas era o item de custos que mais subia... Com o uso maior de contêineres, tem uma maior exigência de equipamentos e começa-se a sentir as ineficiências. Ampliamos a equipe envolvida na logística, nos equipamos com computadores para centralizar tudo."

A CULTURA

"Quando se trabalha uma reestruturação, o primeiro ano é o primeiro choque. Depois, você vai mudando os procedimentos etc. Mas implantar a nova cultura é o mais difícil. No nosso caso, cada um tinha uma origem. Não estávamos contratando pessoas de fora, que chegariam sem experiência no setor, mas também sem qualquer pressuposto. Na época, por exemplo, o Grupo Libra já tinha quase 50 anos. O que motivou a reestruturação foi que já se via, na época, a perspectiva da abertura do setor de transporte, o que efetivamente aconteceu em 1990. Entendíamos que, com os custos que tínhamos, não conseguiríamos sobreviver. O tempo mostrou que todas as empresas daquela época, que não se prepararam, acabaram."

O PREPARO DO MANAGER

"O executivo não pode pensar, por exemplo, que está se preparando apenas para trabalhar em uma empresa 'x' em um lugar 'y'. Essa empresa pode chegar a um ponto em que terá a necessidade de se expandir, vender para outros mercados. Então, um executivo brasileiro tem de entender o outro mercado, se enxergar trabalhando em outro país do Mercosul, para começo de conversa. E isto você não aprende só na escola; é uma história de vida. Eu tive muitas oportunidades para viajar na minha vida.

E mesmo você sendo muito jovem, tudo isto contribui para a formação de alguém. Em 1993 fui fazer um MBA no European Institute of Business Administration, o Insead, na França. Foi fundamental, pois me deu uma visão formal, um pouco mais sistemática. Porque o curso é voltado justamente para você depreender as diversidades de pessoas, pensamentos, culturas, valores. E olhar isto não de forma antagônica, mas se colocar no outro lado para ver que experiências extrair."

A TENTATIVA

"Voltei da França em 1994. O Brasil estava enfrentando uma situação muito difícil, e o mercado de transporte marítimo passava por um momento de competição fortíssima. Resolvemos, então, promover outra reorganização. Ocupei uma das três vice-presidências que foram criadas, que se reportavam apenas ao conselho e se dedicaram à nova reestruturação. O que acontecia? A reestruturação de custos abrange a área administrativa, a logística, enfim, o que está do mar para cá. O que está no mar, ou seja, o navio e o contêiner, você não consegue atingir. Os navios de bandeira brasileira eram absolutamente ineficientes. Você era obrigado a fretar navios, e isto no mercado *spot*. Ou seja: a ponta cara do mercado. Fora isto, existia o Risco Brasil. Estávamos em um círculo vicioso e chegamos à conclusão de que precisávamos construir navios no Brasil. Navios eficientes, porta-contêineres, de 1.700 a 2.500 TEUs, o tamanho ideal. Mas batemos num *iceberg*, e não conseguimos viabilizar este projeto, apesar de todos os nossos esforços. Mas valeu pela experiência, de tentar alternativas para uma situação de crise. Eu digo para meus filhos que você aprende a vida de duas maneiras: com coisas boas e com coisas que não dão certo..."

PRIVATIZAÇÃO

"Em 1994 participamos das licitações do processo de privatização dos portos brasileiros. E passamos a operar nos portos do Rio e de Santos. Aí entramos, como concessionários, em um outro segmento da atividade de navegação. Na verdade, era novo para todo mundo. Nós sempre tivemos uma agência marítima, que carregava ou descarregava o navio. Até a privatização, as Companhias Docas alugavam o pátio etc., eram os gigantes da operação. O que a iniciativa privada podia fazer era contratar a mão-de-obra, o estivador, e ordenar a carga e descarga do navio, com as agências marítimas. Em 1995 começamos a operar o primeiro terminal de contêineres privado no complexo portuário de Santos (Terminal 37). Mas muitos não tinham uma boa expectativa. Afinal, na época a Lei de Modernização dos Portos, aprovada pelo Congresso em 1993, ainda estava apenas no papel no que diz respeito à organização da mão-de-obra, e continuavam os mesmos de dezenas de anos atrás. Contratamos várias pessoas, inclusive egressas das próprias Companhias Docas. E aí vimos como existiam pessoas de grande qualidade no setor. Era apenas uma questão da circunstância onde a pessoa estava inserida. Ou seja: antes era uma estrutura de empresa estatal, de regras, de valores que limitavam o ambiente. Tivemos um grande sucesso na operação em Santos. Sem equipamento ou mecanização, de imediato a operação passou de 10 para 25 contêineres por navio. Só com organização, com gestão."

NEGOCIANDO

"Passamos o ano de 1998 buscando empresas com as quais conseguíssemos nos inserir neste mercado mundial. A navegação sempre teve a característica de ser operada com *joint ventures*, com parcerias. Para dar freqüência, mais espaço nos navios. Isto não é de hoje. Então, procuramos o presidente da Companía Sudamericana de Vapores, a CSAV, a maior empresa de navegação da América Latina, com quem já tínhamos feito algumas *joint ventures*, e colocamos na mesa nossa idéia. Uma semana depois, um executivo dele já estava no Brasil. Na navegação, não há mistério. Pode ter alguma coisa diferente na nossa empresa, mas no fundo todas são muito parecidas. No início de 1999, o acordo já estava fechado. E com o princípio de qualquer associação, que é a confiança mútua."

A OPERAÇÃO GLOBAL

"Passamos a fazer parte de uma rede mundial de logística. Se você não está com uma estrutura de custos para operar 1 milhão de contêineres/ano, você não tem competitividade para operar no transporte marítimo. O negócio é para megatransportadores. Com a associação, conseguimos esse salto na redução de custos. Hoje a Libra opera 200 mil contêineres/ano, mas com uma operação global. Nosso custo por contêineres era de US$ 2,40 a 2,50. Quando entramos na rede, esse custo caiu 90 centavos de dólar."

NOVOS DESAFIOS

"Hoje minha função é de conselho. Saí do dia-a-dia, e tenho de olhar para a frente. Eu gostaria que o programa de privatização continuasse. Tem áreas como energia e saneamento que ainda estão muito concentradas no setor estatal. No caso do saneamento, por exemplo, há muito o que fazer. E não há outro caminho senão contar com a participação do capital privado."

EDSON BUENO
PRESIDENTE DO GRUPO AMIL

"A ÁREA DE SAÚDE É UM SACERDÓCIO"

O médico Edson de Godoy Bueno foi descobrindo a importância do management *no início dos anos 1970, quando comprou uma pequena casa de saúde em Duque de Caxias, na Baixada Fluminense. Na época, tinha de arranjar tempo entre os 200 partos mensais para resolver as pendências administrativas. "Eu assinava cheques na capota de automóveis", lembra. Poucos depois, com outros médicos, Bueno criou a Amil Assistência Médica. E quase 30 anos depois, administra a holding de um grupo formado por 12 empresas, com 5 mil empregados, 900 mil clientes e que fatura mais de R$ 1 bilhão por ano. As lições de* management *no mercado de serviços incluem, segundo o presidente da Amil, qualidade no atendimento, preocupação com o capital humano e a atualização constante do conhecimento. E, no caso da área de saúde, se acostumar a um bombardeio constante. "O negócio é fazer o melhor e conviver com essas coisas", afirma.*

FEELING

"Uma das coisas mais importantes que vejo como administrador é a sensibilidade para entender pessoas. E num sentido amplo isto significa entender as necessidades do cliente. No início de nossa empresa, éramos um hospital quebrado, com quatro meses de salários atrasados e pessoas faltando ao serviço. Foi assim que começou tudo. E naquele tempo todo o que a gente fez foi tentar fazer pelos clientes o que desejávamos que fosse feito por nós. E tentar tratar as pessoas que trabalhavam para a gente da forma que gostaríamos de ser tratados. Fazendo parte do processo. E foi assim que sempre pautamos os nossos passos. Naquela época, éramos apenas médicos. Não entendíamos nada de administração. Depois fiz vários cursos, fui para Harvard. Mas essas coisas apenas colocam uma moldura, embelezam o seu quadro. Administrar é uma coisa que sai muito do seu bom senso e da sua vontade de fazer alguma coisa acontecer. Minha experiência de vida é por aí."

LIMITES

"Você conhece aquela história: o português tem uma padaria e vai muito bem, com duas padarias vai mais ou menos e com três ele quebra e começa tudo de novo. Naquela época, eu operava todos os casos. Com o tempo você percebe que a empresa cresce mais do que você. Está preparado para ser o dono de uma padaria, e de repente tem duas... No hospital, eu não tinha o controle de estoques, não tinha nada. Todo mundo comprava, todo mundo fazia tudo. Eu, por exemplo, não tinha tempo para administrar porque precisava operar. Mas entendia que tinha de haver um processo mais prático para essas coisas. Achei que tinha de andar, no lado administrativo, como estava fazendo no atendimento aos clientes, aos colaboradores. Sabíamos agradar aos clientes, ir ao encontro de suas necessidades. Mas a infra-estrutura tinha de funcionar. Fui me aprimorando e prometi a mim mesmo que nunca mais iria deixar a empresa crescer mais do que eu."

EXPERIÊNCIAS

"Sempre que posso, estou fazendo cursos no exterior. Você precisa estar sempre atualizado. Com essas mudanças gigantescas, a toda hora, se não acompanhar fica do lado de fora. Então, o treinamento e o estudo contínuos são fundamentais para que você não fique fora do jogo. Já trouxemos, por exemplo, o norte-americano Regis McKnenna, que lançou o primeiro computador com Steve Jobs e os primeiros chips junto com a Intel. Se você quer ter uma empresa de porte, precisa ter relacionamentos que possam aprimorá-la."

CASES

"O que acontece com esses gurus todos da Europa, do Japão e dos Estados Unidos é que todos relatam *cases*. Não dá para transplantar. Mas dá para pensar, e se de 10 idéias você aproveita uma, já é um bom retorno. Como as empresas se ajustaram, como saíram do sufoco? Essas informações abrem horizontes. Não me lembro de uma idéia específica que tenha mudado nossa vida. Anos atrás, por exemplo, visitei a sede da Xerox nos Estados Unidos para assistir a uma palestra sobre reengenharia. Daí, aproveitamos e fizemos a reengenharia dos nossos processos, reduzimos o tempo de tudo. O que se levava 15 dias passou a se fazer em um dia. Então, ganhamos em tempo, em custos e em satisfação do cliente. Pode-se dizer que existem três tipos de pessoas interessantes: aquela que erra e que continua errando, aquela que aprende com os seus erros e aquela que vê os erros dos outros e não os que comete. Uma outra grande vantagem de se estudar outras experiências é verificar onde todo mundo falhou."

ATENDIMENTO

"Certa vez, fui com um grupo de Harvard ao Canadá. Depois, a caminho da Austrália, resolvi conhecer a Tailândia. Lá existe um hotel chamado The Oriental. Logo ao chegar, no aeroporto, dois funcionários me garantiram que eu estava me hospedando no melhor hotel do mundo. Ponderei que conhecia hotéis que valiam mais de 1,8 bilhão de dólares. E calculei que aquele não deveria ter investido mais de 400 milhões de dólares. Mas a verdadeira riqueza estava no atendimento. Do chofer ao mordomo, passando pelos garçons, tudo era perfeito. Ali você era rei. Se você quer aprender mesmo sobre qualidade nos serviços, tem de ficar nos melhores lugares. A única chance de você realmente sobreviver é ser melhor do que os outros, e para isto você precisa treinar e manter as pessoas. Daí a importância do atendimento. Na área de saúde nós seremos sempre apedrejados. A área de saúde, é um sacerdócio. Todo mundo está passando aperto. Qualquer coisa a que você não tem direito você quer na hora de que você mais precisa. E ainda mais quando se trata de sua vida. As empresas de saúde não são bombardeadas apenas no Brasil – é no mundo inteiro. É natural. O negócio é fazer melhor e adotar o espírito de viver em busca da perfeição. E aprender a conviver com essas coisas."

PROXIMIDADE

"Nós fomos a primeira empresa a colocar uma agência perto de você. Fomos ao encontro do cliente. Criamos o primeiro telemarketing em saúde no Brasil. Somos voltados para o atendimento, e foi graças a isto que sobrevivemos. Criamos o resgate aéreo. Nossos profissionais são treinados no exterior, e os equipamentos estão entre os melhores do mundo. Até presidentes de concorrentes nossas já utilizaram o serviço. Criamos uma rede de farmácias, a Farmalife, onde os remédios são vendidos com 50% de desconto. É atendimento. É ir ao encontro das necessidades do cliente."

COMUNICAÇÃO

"A comunicação interna é muito importante. O colaborador deve ser o primeiro a saber. Assim, qualquer mudança na empresa, lançamentos de produtos ou alteração no panorama do segmento de assistência médica são imediatamente repassados aos colaboradores, por meio de jornais murais que, semanalmente, trazem notícias das várias unidades espalhadas pelo Brasil, pelos Estados Unidos e pela Argentina."

CAPITAL HUMANO

"Quem tem pessoas mais bem treinadas, no longo prazo, tem de vencer a guerra. O segredo está em treiná-las e mantê-las. Porque, na hora em que você as tem, todo mundo quer roubar. E nós temos conseguido fazer isto. No corpo gerencial nosso *turnover* é próximo de zero, a não ser quando eliminamos um ou outro jogador. E isto se consegue criando motivação, sonhos, acendendo a lampadinha que existe dentro de cada um. Não deixamos de perder executivos por falta de ofertas. E manter esse capital humano é um dos motivos da sobrevivência das empresas."

FORMAÇÃO

"Uma preocupação constante é formar pessoas para assumirem outras unidades de negócio no Brasil ou no exterior. Na Amil, acredita-se que não existe ninguém melhor do que seus próprios executivos para fazer a empresa chegar aonde quer, sem perder sua identidade e sua razão de ser. É comum os profissionais em função técnica chegarem ao cargo de CEO de empresas do grupo. Para se ter uma idéia, atualmente todos os superintendentes das filiais vieram de cargos técnicos. Por isso a Amil investe em treinamento. Cem por cento dos diretores no Brasil e 80% dos gerentes têm cursos de extensão no país ou no exterior. Há, ainda, a possibilidade de fazer a extensão na própria empresa. A Amil Business Administration já formou mais de 260 colaboradores em assistência médica privada. As aulas foram ministradas pelos próprios executivos. E todos nós sabemos que você aprende mais quando dá aulas, palestras etc. do que quando as recebe."

ENFOQUE SOCIAL

"Uma empresa também precisa estar preocupada em realizar um completo e eficaz projeto de vanguarda em RH que, em um outro momento, represente também um programa social de indiscutível importância. Todos os anos promovemos três palestras, envolvendo mais de 360 jovens, filhos de funcionários e de médicos de nossa rede credenciada, em um programa de atividades chamado Projeto Jovem VIP – de Visão, Inspiração e Positividade. O principal objetivo é mostrar a importância de se fazer um planejamento de vida, estabelecendo-se metas para alcançar objetivos futuros. Com isto, está-se investindo recursos para a melhoria das condições de vida das pessoas que vivem à sua volta."

EDUARDO BERNINI
PRESIDENTE DA AES-ELETROPAULO E EX-PRESIDENTE DA EDP BRASIL

"O NEGÓCIO É SE ANTECIPAR AO CLIENTE"

O economista Eduardo Bernini ainda usava calças curtas quando começou a mostrar que não temia desafios. No meio de uma família palmeirense até a medula, logo cedo se revelou um fanático torcedor do Santos. "No primeiro jogo que vi, ganhamos de 11 a zero do Botafogo de Ribeirão Preto. Estávamos na Era Pelé", lembra este paulistano que hoje, quase aos 50 anos de idade, ainda demonstra uma vibração de garoto ao comentar os feitos do time santista. O Rei já tinha aposentado a camisa do Santos quando Bernini entrou, em 1980, em um campo do qual não saiu até hoje: o setor de energia elétrica. Marcou um gol de placa quando presidiu e reestruturou a Eletropaulo naquele delicado período que antecedeu a privatização, em 1998. Saiu, teve o passe disputado por grandes grupos e foi comandar a operação brasileira da Electricidade de Portugal, a EDP, um dos gigantes mundiais na área energética.

Essa longa temporada no setor mostrou ao executivo – um fã de cinema e de jazz vocal, uma combinação que ele gosta de encontrar nos filmes de Woody Allen – a diferença do cliente dos serviços públicos de energia. A empresa é como um bom goleiro, que é notado exatamente quando engole um frango. "Ele (o cliente) o esquece quando as coisas vão bem, mas é extremamente crítico quando alguma coisa vai mal."

REALIDADE

"Minha primeira experiência profissional foi quando eu tinha apenas 14 anos. Meu pai achou que eu estava muito largado nas férias e arranjou para eu trabalhar como operário na produção de uma indústria química-ca de fundo de quintal. Enchia garrafinhas de acetona, álcool, benzeno etc. Mesmo sendo apenas por quatro meses, foi uma experiência marcante, porque ganhei meu primeiro dinheiro e convivi com um ambiente bastante duro, que é o trabalho no chão de fábrica. Anos mais tarde, fui educador funcional do Mobral por um ano e meio, quando ainda estava na faculdade. Era um *partime job*, também foi marcante. Afinal, ninguém esquece um trabalho onde você vai dar aula, num dia de chuva, e encontra metade da classe de lama até o cabelo. Um dia eles me explicaram que isto era normal, porque todos moravam em uma favela. Foram duas experiências marcantes do ponto de vista que me levaram a um contato com uma realidade social brasileira que ninguém esquece."

O PRIMEIRO MENTOR

"Depois, prestei concurso para o então Banco do Estado da Guanabara, onde fiquei pouco mais de dois anos, e depois fiz outro concurso e fui para o Banco do Brasil. Foi em 1978. Comecei como escriturário, mas antes de estar formado passei para o Departamento de Assuntos Econômicos da Agência Central do BB em São Paulo. Foi quando encontrei meu primeiro mentor, o José Maria Pereira. Principalmente, pelo profundo conhecimento, que me abriu os olhos para o lado prático da teoria econômica. E também era uma pessoa com cultura muito vasta, e que me influenciou no sentido do que ler."

NA ÁREA DE ENERGIA

"Em 1980, passei em um concurso para a Cesp e fiquei fazendo um estágio. A entrada na Cesp foi um marco divisor. Terminou o meu estágio e, no início de 1981, o pessoal com quem eu trabalhava foi fundar a Eletropaulo. Na época, toda a parte corporativa, que era da Light, estava concentrada no Rio. E em São Paulo só havia uma diretoria comercial. Então, tudo teve de ser criado do zero. E essa área corporativa foi formada por profissionais que saíram da Cesp, aos quais eu terminei me juntando."

CHOQUE DE CULTURAS

"Foi uma experiência de organização de uma empresa estatal em um ambiente de profundas diferenças culturais. Afinal, apesar de na época já ter dois anos de privatização, a Light ainda era uma empresa canadense, com todos os vícios e as qualidades de uma empresa com forte cultura hierárquica. E a Cesp tinha uma cultura empresarial bem diversa, porque, essencialmente, era uma empresa de desenvolvimento de projetos. Apesar de já ter, na época, uma base de distribuição de energia elétrica grande, o que realmente dava a característica cultural forte era o fato de ser uma empresa de projetos, onde a grande autonomia de seus executivos era muito grande. Fui trabalhar com duas pessoas que, do ponto de vista profissional, foram também dois grandes mentores meus: Peter Greiner, que na época era o diretor-adjunto de planejamento da Eletropaulo, e que tinha sido durante muito tempo um dos principais barrageiros da Cesp, e Pedro Cauvilla, meu chefe direto também na Cesp."

DESENVOLVIMENTO E MEIO AMBIENTE

"O fato foi que toda a estrutura da qual nós tínhamos participado, na mudança, que foi liderado pelo Peter Greiner, acabou sendo desmontada em 1989, e cada um de nós foi para uma atividade diferente. Eu escolhi o que me pareceu mais estimulante, do ponto de vista profissional, que foi a Agência para a Aplicação de Energia. Foi um conceito que se materializou na forma de um convênio entre as empresas energéticas de São Paulo (Eletropaulo, Cesp, CPFL e Comgás) como uma agência de desenvolvimento de programas de conservação de energia e de racionalização do uso de energia. Fiquei lá até 1993, e encontrei outra pessoa que teve grande influência em minha carreira, que foi José Zatz, um dos profissionais mais criativos que eu conheci. Era um físico, engenheiro, professor da USP, que junto com os professores José Goldemberg e Roberto Moreira levou a bandeira do uso racional de energia, da conservação e do desenvolvimento sustentável para uma aplicação prática."

MUDANDO O MODELO

"Depois, assumi a secretaria executiva da Comissão Permanente de Tarifas, da Secretaria de Energia do Estado de São Paulo. Também fui assessor do coordenador técnico da Secretaria de Energia, em assuntos relacionados à regulamentação e à institucionalização do setor de energia no estado de São Paulo e também para o resto do Brasil. Em 1994, Peter Greiner foi indicado secretário de Energia, ainda no fim do governo Itamar. Fui para Brasília como secretário-adjunto, para colaborar na organização do processo de reforma. Depois, quando voltei para São Paulo, Peter continuou na Secretaria Nacional de Energia, desenvolvendo e coordenando o processo de Reforma do Setor Elétrico Brasileiro, que levou a duas leis fundamentais: a que criou as agências reguladoras, a ANP e a Aneel, e a que criou o Mercado Atacadista de Energia (MAE) e a ONS."

O GRANDE DESAFIO

"Em São Paulo, fiquei na Secretaria de Energia, como adjunto do David Zylbersztajn, do qual fui aluno no mestrado no IEE/USP, e que formou toda uma nova geração e uma nova mentalidade empresarial no setor de energia, até a aprovação da lei que autorizou o programa de reestruturação do setor energético paulista. Aí, em 1996, fui para a Eletropaulo. Diria que, do ponto de vista profissional, foi o meu teste de fogo. Pegar um projeto empresarial, de modernização e transformação, o mais desafiador que já tive até hoje. A Eletropaulo, das empresas energéticas paulistas, era a que se encontrava em estado mais delicado do ponto de vista técnico, e em uma situação financeira muito pior do que a da Comgás. Mas delicado, mesmo, principalmente do ponto de vista da motivação dos seus quadros profissionais. No início daquele ano, a empresa havia passado por um apuro muito grande no que dizia respeito à sua imagem como prestadora de serviços públicos de energia elétrica. Foi um ano muito ruim quanto a chuvas, e a Eletropaulo estava com uma brutal exposição negativa na mídia. Era exagerada, mas não indevida. Algo que você aprende, depois de anos mexendo com serviços públicos, é que a reação do seu usuário, do seu cliente, é muito seletiva. Ele o esquece quando as coisas vão bem, mas é extremamente crítico quando alguma coisa vai mal. E basta alguma coisa dar errado. Então, quando você entra nesse negócio você passa a ter um princípio muito claro: o cliente tem sempre razão, só que você tem de se antecipar à razão do cliente."

PELA MOTIVAÇÃO

"Não chegava a ser um quadro desconhecido para mim. Eu era um quadro da empresa, e vim de baixo. Sabia qual era o clima organizacional. Na época, a Eletropaulo tinha 24 mil funcionários. Minha primeira providência foi retirar a palavra privatização do discurso oficial da empresa. Ontem e hoje, o conceito era muito mal-entendido, visto como uma ameaça. Retirei a palavra privatização e coloquei em prática dois conceitos. Primeiro, a motivação do quadro profissional da empresa não simplesmente na base do discurso. Criei uma meta: vamos tirar a Eletropaulo da mídia. E como? Fazendo um plano emergencial de ataque nos pontos fracos de nosso sistema elétrico, nos preparando para a inevitabilidade de problemas que ocorreriam no verão de 1996/97."

SINERGIA

"Pela primeira vez isto envolveu uma visão integrada entre as áreas técnica, administrativa e financeira. Isto porque um dos grandes problemas que havia para que a área técnica interviesse de forma eficiente no sistema elétrico é que existia um descasamento entre a logística e a financeira. Na área financeira, promovemos um saneamento da fila de fornecedores em atraso, para dar confiança a eles e convencê-los de que não era preciso embutir um custo financeiro na espera. Também resolvemos o endividamento de curto prazo da empresa. E começamos a preparar um plano de capitalização. Na área de compras e contratações, mudamos os processos para dar o casamento mais perfeito possível dos prazos, e priorizamos os materiais essenciais ao trabalho de intervenção na rede. Na área técnica, a prioridade foi para os serviços de manutenção. Tudo isto foi feito de forma participativa. Pela primeira vez na empresa, fizemos reuniões técnicas de todos os níveis, com a participação de todos os cinco diretores, falando de coisas práticas, no real."

CAPITAL HUMANO

"Também sabíamos que a Eletropaulo estava com excesso de quadros e essa distribuição era assimétrica. Tinha muita gente nas áreas-meio, e pouca gente nas áreas-fim. Outro dado evidente apontava uma idade média muito alta, e que nós tínhamos um contingente muito elevado de funcionários em época de aposentadoria. Fizemos não um PDV, mas um PAV, ou seja, um Plano de Aposentadoria Voluntária, e não de demissões. Junto com os programas de estímulo à aposentadoria, realizamos concursos para a admissão de eletricistas, porque faltava era gente de campo. Com isto, passamos a ameaça do verão de 1996/97 com 100% de êxito. Ou seja: a Eletropaulo foi esquecida pela mídia, o que significava que havíamos voltado àquela zona de indiferença, porque o serviço voltara a um padrão de qualidade minimamente aceitável pelo nosso cliente final."

CORRENDO CONTRA O TEMPO

"Em junho de 1997, o Plano Estadual de Desestatização fixou para abril de 1998 a privatização da Eletropaulo. Na prática, tínhamos seis meses para concluir o processo de cisão da empresa. Foi um processo maluco, que incluía desde levantamento de contratos a mudanças na área de Recursos Humanos. Duas pessoas tiveram um papel fundamental, nisto tudo: Maria do Carmo Marini, que cuidava das relações institucionais e do RH; e Roberto Dinarde, coordenador-técnico. Foram os puxadores do samba. No dia 31 de dezembro de 1997, realizamos as assembléias gerais dos acionistas, concluindo o processo (Metropolitana, EMAE, EPTE, Bandeirante)."

DICIONÁRIO SINDICAL

"Também enfrentamos uma negociação difícil, complexa, com uma tríade: sindicatos, Fundação Cesp e funcionários, para discutir como ficavam o fundo de pensão, a suplementação de aposentadorias etc. Na época, havia um rombo estimado em R$ 1,2 bilhão. Foram quase oito meses de intensas negociações e representou um grande desafio esse exercício do papel de negociador. São coisas que nenhuma escola ensina, só a da vida... E ter a oportunidade de exercer funções na administração pública foi de grande valia. Criamos um benefício suplementar, definimos novas regras para os benefícios, promovemos uma revisão cadastral, entre outras medidas. Do ponto de vista de simulações e do regimento de obrigações da Fundação Cesp, conseguiu-se o saneamento."

MISSÃO CUMPRIDA

"O desafio de sanear e privatizar a empresa foi superado. E, da minha parte, já sentia que havia dado por encerrado meu período de serviço civil não-obrigatório... Uma missão pública, mas como executivo, como foi minha postura profissional durante este período. Em meados de 1998, recebi uma proposta da VBC Energia para dirigir a empresa, que estava passando por um processo de mudanças e transformação. A missão era coordenar e preparar a estruturação na área de energia elétrica. A gestão das empresas controladas, a RGE e a CPFL, era feita diretamente pelos sócios. E a VBC entrava como o agente coordenador do planejamento. Conduzi um trabalho com a consultoria McKinsey. Tudo ficou *on hold*, depois da desvalorização do real, em janeiro de 1999. Mas o trabalho na VBC foi feito. Tenho o orgulho de dizer que, quando me encarrego de algo, eu cumpro."

NOVO DESAFIO

"Fiquei dois anos na VBC. Em junho de 2000, comecei a conversar com a EDP. Ficou claro que o grupo pretendia um desenvolvimento estratégico com um 'molho' local. Também ficou evidente que, para esse desenvolvimento, o grupo necessitaria da experiência de transposição para o ambiente de negócios na área de energia no Brasil. Até então, a EDP só tinha um escritório, que servia mais de base de apoio para gestores de passagem pelo país. Propus, e o grupo aceitou, que se estabelecesse uma *holding* que teria a missão de ser agente coordenador do planejamento estratégico e conduzisse o desenvolvimento de duas áreas de negócios: o *trading* de energia e o desenvolvimento de projetos de geração. A primeira parte de minha missão foi no sentido organizacional, durante seis meses, que foi constituir a *holding*, a EDP Brasil S/A, e os dois braços, a Enertrade e a Energen. A segunda missão é fazer o desenvolvimento de negócios utilizando o braço de energia como canal de mitigação de riscos para a distribuição, comercialização e também a geração."

ELCIO ANIBAL DE LUCCA
PRESIDENTE DA SERASA

"O LÍDER PRECISA DAR O EXEMPLO"

Paranaense de Ribeirão Claro, Elcio Anibal de Lucca desembarcou em São Paulo em 1962, para dar continuidade a seus estudos. Preparou-se para o vestibular de engenharia, pensou em ser advogado e acabou prestando exame para administração. Hoje, 40 anos depois, o administrador Elcio Anibal de Lucca, um eterno apaixonado pelo marketing e pela qualidade, preside a Serasa, uma das maiores e melhores empresas do mundo em análise econômico-financeira e informações para crédito e negócios em geral. Uma organização largamente premiada por suas práticas em desenvolvimento humano, cidadania, busca pela excelência e boas relações com parceiros, fornecedores e clientes.

O INÍCIO

"Na primeira oportunidade em que tentei o vestibular da Fundação Getulio Vargas, não passei. Eu não estava preparado. Decidi fazer um cursinho, o CPV, e para custeá-lo fui desenhar capas de trabalhos, de cartazes e de apostilas, o que me dava a oportunidade de estar próximo ao balcão, ao atendimento. Ali comecei a perceber minha atração pelo marketing. Eu tinha o maior prazer, gostava de ver o cliente satisfeito. Nesse meio tempo, a FGV lançou um curso inovador no Brasil, o de Administração Pública, que inclusive era gratuito. Não tive dúvida e me matriculei. No segundo ano, eu já estava como diretor do cursinho, que tinha 350 alunos e meses depois chegou a 1.200. Um ano antes de me formar em Administração, decidi deixar o emprego no CPV, porque tinha de me preparar para o mercado. Também tive uma rápida experiência como micro-empresário, durante o período em que cursava a faculdade. Estabeleci uma empresa, em sociedade com um amigo, de carrinhos de venda de cachorro-quente, o que era novidade na época. Foi o primeiro aprendizado como empreendedor, foi um sucesso. Mas decidi deixar a sociedade por não concordar com algumas práticas exigidas no cotidiano do negócio, sob alegação regulatória, com as quais eu não compactuava e continuo não compactuando."

PIONEIRISMO

"Em 1973, tinha um amigo que trabalhava no Banco Noroeste. Na época, o banco estava montando uma área de marketing. Esse amigo me indicou para o gerente da área, que quis me conhecer ao saber que eu era formado em Administração pela FGV e que tinha um perfil empreendedor. O cargo era de gerente de produto. Conversando com o meu orientador de tese, Eduardo de Almeida, disse que estava com vontade de escrever minha tese sobre marketing financeiro. Ele comentou que isto nem existia no Brasil. Aí eu não tive dúvidas: aceitei o convite do banco. Afinal, se não existia, passaria a existir. E eu ia ajudar a fazer."

INOVANDO

"Fiz carreira no banco. Foi um período muito rico, em que o Noroeste saiu do vigésimo sétimo para o sétimo lugar no *ranking*. Cheguei a gerente de marketing. O Noroeste lançou muitas novidades. Fomos a primeira empresa a patrocinar a Bienal do Livro, onde lançamos o Cheque-Livro Noroeste, por meio do qual as pessoas compravam livros em diversas livrarias após a feira. Funcionou bem, foi um belo *case*. Ainda com a área editorial, desenvolvemos outro projeto inovador. Quando surgiu o videotexto no Brasil, foram me vender a idéia no Noroeste. Disse que queria, mas desde que tivéssemos exclusividade durante um ano. Assim, o transformamos em um produto, a Rede Noroeste de Videotexto. Eu conhecia o presidente da Câmara Brasileira do Livro, que nos ajudaria a incluir em nosso banco de dados todos os títulos de livros existentes no país. Na época, o Brasil tinha cerca de 700 livrarias, e o Noroeste já tinha passado de 100 agências. Nossa idéia era colocar, em cada capital brasileira, um terminal de videotexto onde todos os livros do Brasil estariam disponíveis. Escolhia-se o livro, pagava-se na hora no banco e o produto era enviado pelo correio. Mas o meu colega da área de informática alegou que o banco de dados ia ocupar muito espaço nos computadores etc. E a idéia, nascida em meados dos anos 1970 e hoje de grande sucesso na Internet, não andou."

INICIATIVA

"Logo após o Noroeste, participei do projeto Banco 24 Horas, que estava no seu início. Não fiquei por muito tempo, mas foi muito interessante. O meu grande desafio era fazer com que as pessoas mexessem nas máquinas, o que não era fácil naquela época. Reuni o pessoal, fazia pesquisas, instalava máquinas em determinados lugares e ouvia os clientes. Era preciso preparar o espírito das pessoas, porque a mudança promovida pela informática foi expressiva. Foi necessário criar uma nova cultura para o atendimento bancário automatizado."

A SURPRESA

"Depois, comecei a receber sondagens da Lojicred. Era a maior financeira do Brasil na época. Para se ter uma idéia, processava mensalmente mais de 350 mil carnês, ou financiamentos. Eu não queria mudar de emprego. Acabei indo para uma conversa e condicionei uma transferência a algumas exigências. Para minha surpresa, eles só perguntaram quando eu podia começar. Assim, aceitei. Foi uma experiência fantástica. O cliente de lá era gente que não tinha documento. O conceito era 'tudo o que os bancos não querem vem para nós'. E era um sucesso. Mas tiveram uma infelicidade, um problema interno, e aí veio a decretação de liquidação pelo Banco Central. Vários profissionais como eu ficaram sabendo do fato através da televisão. Todos acabaram sem emprego."

CULTURA INTERNACIONAL

"Aí, surgiu um convite da Credicard. Foi muito bom. Soube, por exemplo, como era trabalhar com modelos internacionais de gestão. Mas, logo que me empreguei lá, fui procurado pela Serasa. A proposta, em termos financeiros e de cargo, era melhor. Mas eu tinha acabado de assumir a responsabilidade de fazer um trabalho na Credicard. E expliquei isso, não aceitando a proposta. Um ano e três meses depois a Serasa me procurou de novo. Perguntaram-me: 'já terminou o seu trabalho?'. Aí, eu já me sentia confortável para sair, tinha até uma pessoa para me substituir."

NOVO DESAFIO

"Assumi como diretor de marketing da Serasa em 1989. Éramos Deus, eu e duas pessoas que faziam as estatísticas. Não existia orçamento e era preciso fazer dinheiro. Foi um desafio e tanto, porque a empresa tinha uma concentração de clientes, apenas bancos, o que de certa forma limitava seu crescimento. Tínhamos de evoluir para os vários setores da economia e oferecer produtos inovadores e customizados. Quando o então presidente, Max Sender, se aposentou, em 1991, fui eleito para substituí-lo. Eu já havia preparado todo um plano de marketing estratégico para a empresa. Esse plano já incluía o tema qualidade, que sempre foi uma de minhas paixões. Começamos a trabalhar conceitos como a excelência em gestão. Depois ficamos sabendo da existência da Fundação Prêmio Nacional de Qualidade (FPNQ). Como estávamos à procura de modelos de gestão para comparar o nosso, fomos ver do que se tratava. Ficamos bastante satisfeitos: o que estávamos fazendo em 1994 era muito alinhado com os critérios de excelência do Prêmio Nacional da Qualidade, o PNQ."

CRIATIVIDADE

"Ao assumir a presidência, a empresa não tinha disponibilidade financeira para investir. A Serasa estava equilibrada, mas não era grande. Eu precisava de máquinas copiadoras modernas, precisava dar um salto. Vi quem eram os fornecedores no mercado. Fui ao primeiro e disse que não tinha dinheiro. Pedi emprestada uma máquina, e disse ter certeza de que, no fim do ano, teria condições de comprar duas. Argumentei que a empresa tinha de confiar em nós, em nosso crescimento. Recebi como resposta um 'vamos conversar'. Com o mesmo argumento fui à Xerox, que topou na hora e forneceu uma máquina sem cobrar nada. No fim do ano, como eu tinha previsto, paguei a máquina que tomei emprestada e comprei outra. Sou cliente deles até hoje. Assim foram feitos também outros negócios. Então, às vezes, o dinheiro não é a solução, mas sim ter iniciativa, criatividade. Aliás, com dinheiro qualquer um faz."

TRANSFORMANDO A EMPRESA

"Logo que comecei a trabalhar na Serasa, a primeira coisa que eu queria fazer era transformar a empresa para que todos tivessem consciência dos anseios do cliente – que deseja serviço bom, barato, atendimento eficiente e imediato etc. Passamos um ano preparando o espírito de todo mundo. Na época, quando assumi, tínhamos passado de 300 para 500 clientes. Hoje temos 300 mil clientes diretos e indiretos e 2,5 milhões de negócios/dia são realizados com informações da Serasa, em todo o Brasil. O ponto de partida disso foi em 1990, denominado como o 'Ano do Cliente'. O importante é compreender que não se deve se antecipar às necessidades do cliente, mas sim estar pronto e ser pontual para implementá-las. Estabelecemos o Planejamento Estratégico, que é um dos nossos Pilares da Gestão Estratégica, juntamente com a Estrutura Foco-Matricial- Bipolar e o Processo da Qualidade Serasa. Hoje sabemos exatamente qual é o nosso negócio, que passa por questões de identificação com o cliente, competências, aspectos jurídicos e tecnologia. Passa também pela ética e chega no cidadão. Há pouco tempo, todo mundo achava que a Internet estava revolucionando o mundo e iria substituir a velha economia, e que qualquer um era capaz de montar um site, de criar idéias, lançá-las e se tornar milionário. O nosso Planejamento Estratégico segurou isto, graças a Deus. Tenho a maior satisfação de dizer que não entrei na onda. Mostramos criatividade e tecnologia com objetividade. Cabe lembrar que o planejamento estratégico da empresa é realizado em etapas, de forma que todos da empresa possam participar e fazer sugestões em relação aos mais diversos temas, inclusive os mais estratégicos."

VALORES

"Quando assumi a Serasa, expliquei minha filosofia. Ia administrá-la de acordo com os princípios cristãos. Não comecei dispensando pessoas, não mexi em nada, não nomeei nenhum diretor, nem trouxe ninguém do mercado. O que eu exigia eram os valores, como o ser ético: praticar nossos padrões morais tendo como princípio o bem de todos. A Filosofia da Serasa é: SER Ético, SER Excelência, SER Gente e SER Empreendedor. Todos os profissionais que trabalham na empresa são identificados como SER SERASA, porque cada um corresponde a uma célula de um mesmo corpo, que é a empresa."

TRABALHO E SONHO

"Outra inovação foi o organograma da empresa. Como já foi dito, um de nossos Pilares da Gestão. E foi também um dos fundamentos de nosso desenvolvimento. Esse organograma é diferente daquele de todas as empresas até hoje. Cada área da Serasa, cada foco, é dividido em dois. Por exemplo: na informática, há um diretor que cuida do dia-a-dia, do processamento, do desenvolvimento de sistemas etc., e outro, no mesmo nível, cuida das novas tecnologias, pesquisando-as no mundo inteiro. Então, é um trabalhador e um sonhador? Mas esse sonhador também tem uma função no cotidiano, como no apoio à informática, cuidando de softwares. Outra coisa: todo mundo tem de visitar cliente, seja da informática, seja da contabilidade, não interessa. Daí o organograma ser chamado de Foco-Matricial Bipolar, que é inovação do modelo de excelência de gestão da Serasa, sendo inclusive registrado."

COMPROMISSO COM A EXCELÊNCIA

"A Serasa conquistou de forma inédita o Prêmio Nacional da Qualidade (PNQ) – em 1995 e 2000 – reafirmando sua condição de empresa Classe Mundial. O PNQ segue os rígidos critérios de excelência dos critérios do Prêmio Malcom Baldridge, dos Estados Unidos, do Deming, do Japão, e de similares europeus. A partir de 1991, como presidente, priorizei a prática da qualidade total, desenvolvendo uma cultura de busca pela excelência, que é a prática, o aprendizado e a melhoria contínua da qualidade, sempre em patamares mais elevados. Os SER Serasa respiram qualidade e estão plenamente engajados no processo. Busca pela excelência na Serasa é filosofia e atitude também. Temos um prêmio interno anual, disputado pelas áreas, seguindo os critérios do PNQ, que é o Prêmio Serasa da Qualidade (PSQ). Há torcida organizada e tudo o mais na data da divulgação da área vencedora."

GENTE

"O que faz a empresa andar? Gente. Isto não tem preço. Há 10 anos faço um evento grande, anual, com 150 gerentes, de todo o Brasil, que sempre termina com todos gritando 'a Serasa somos nós'. Se a pessoa cresce, se desenvolve, gera um benefício em volta. E, se a empresa cresce, as pessoas têm de ser recompensadas. É um processo de retroalimentação. Com o tempo, começamos a alavancar o que era bom. Foi uma evolução longa, mas não da noite para o dia. As empresas geralmente adotam a expressão recursos humanos. Mas eu abomino tratar pessoas como se fossem um monte de papel, um equipamento. Folha de pagamento é com a contabilidade. Gente, quem administra somos nós todos. E na Serasa fazemos isto com a coordenação de uma área chamada Desenvolvimento Humano. Existem gerentes cuidando de qualidade de vida, de responsabilidade social, liderança, cultura, educação corporativa e planejamento de pessoas."

SATISFAÇÃO

"Fazemos pesquisa quase todos os meses, por exemplo, para saber se as pessoas estão satisfeitas com os serviços de assistência médica e odontológica. Se não há satisfação, muda-se o serviço. Quando eu cheguei aqui, para ilustrar, vi que a maioria dos funcionários vinha de muito longe, sem tempo para tomar café em casa. Todos passaram a receber lanche na chegada, composto de café com leite, e também sempre com uma avaliação própria na pesquisa de satisfação. Ademais, damos vários cursos. O de neurolingüística é obrigatório. Temos o de vigilantes do peso. Temos ginástica laboral, com dia e hora marcados. Procuramos oferecer sempre mais que as outras empresas. Também nos preocupamos muito com as condições de empregabilidade dos deficientes. Adaptamos as instalações no que foi possível, orientados por especialistas. Este ano, por exemplo, nossa pesquisa apontou 92% de satisfação entre os SER Serasa. É por isso que a Serasa está, pelo terceiro ano consecutivo, entre as Melhores Empresas para se Trabalhar no Brasil, segundo a revista *Exame*."

RESPONSABILIDADE SOCIAL

"Toda pessoa deseja ter condições de vida, saúde e bens materiais. Mas no seu interior você também quer se sentir bem, oferecer algo ao outro, à comunidade. Em 1992, começamos a perceber uma grande disposição na empresa para o voluntariado. Buscamos organizar uma iniciativa planejada a partir de uma pesquisa. Fomos treinar as pessoas em assistência social. Montamos nosso modelo em grupos de oito a 10 pessoas, não importando o cargo. E com a proposta não de simplesmente levar uma doação. Hoje, temos 52 entidades assistidas pela Serasa. Dos dois mil SER Serasa, 716 estão inscritos nesses grupos de assistência. E boa parte dos demais fica na retaguarda, ajudando em logística, elaborando sites, planos de marketing para as instituições etc. E fazemos com sucesso campanhas de agasalho, de brinquedos, entre outras. Resolvemos contratar um circo para divertir os filhos dos SER Serasa e levamos também crianças carentes. A Serasa promove eventos culturais que prestigiam o talento brasileiro, na música, na literatura e em diversas outras manifestações artísticas. Ainda, a Serasa tem quatro séries de livros próprias, que edita para os mais diversos interesses, mas com um único objetivo: a sociedade. São elas: Dinâmica do Conhecimento, Cultural, Cidadania e Novas Competências. Neste Ano Internacional do Voluntariado estamos muito felizes, porque a Serasa deu sua contribuição, que é permanente, e teve vários reconhecimentos, como ser destaque no Guia da Boa Cidadania Corporativa, da revista *Exame*; conquistou dois prêmios: Valor Social, do jornal *Valor Econômico*, nas categorias Grande Prêmio e Qualidade do Ambiente de Trabalho, e recebeu o selo empresa-cidadã 2001, da Câmara Municipal de São Paulo, entre outros. O compromisso da Serasa é com a ética, a cidadania e o Brasil."

FERNANDO ALVES
PRESIDENTE DA PRICEWATERHOUSECOOPERS-BRASIL

A MARCA FAZENDO A DIFERENÇA

Meses depois de assumir a presidência da PricewaterhouseCoopers no Brasil, em 2001, Fernando Alves viu o mundo quase desabar lá fora e no Brasil. Crises corporativas mundiais, retração de investimentos, agitação nas cotações do dólar. Reuniu os sócios da líder do mercado brasileiro de auditoria e consultoria e disse: "Vamos confiar na herança que recebemos, naquilo que somos, na força vital da firma".

Hoje, três anos depois, ele abre um sorriso para contar que neste período a PwC, sigla pela qual a firma é conhecida no mundo dos negócios, cresceu muito acima dos índices da economia brasileira e ampliou sua participação em todas as áreas de negócios em que atua. "Numa avaliação retrospectiva, percebo que destacar a qualidade dos serviços, a independência e o foco permanente nos processos e práticas de agregação de valor para nossos clientes foi fundamental para superar as adversidades", afirma.

Orgulho tão grande quanto o dos resultados à frente da PwC, só o de ser baiano. "É uma terra marcada pela brasilidade, pela tolerância e pela diversidade, o que é fundamental não só para uma organização, mas para toda a sociedade. Neste sentido, devo muito à Bahia."

A ESCOLHA DA PROFISSÃO

"Sou filho de um médico e de uma pedagoga e o mais velho de quatro irmãos, e durante muito tempo cogitei seguir a carreira de meu pai. Ele é um médico bem-sucedido, dedicado e apaixonado pela profissão. Assim, era natural que influenciasse minhas reflexões em torno da escolha profissional. Quando percebi que não tinha vocação para a medicina, pensei em fazer Direito, talvez influenciado por um tio que era juiz. Acabei optando por administração depois de concluir, em conversas com alguns profissionais, que esse é um curso mais abrangente e permitiria um leque maior de opções profissionais."

A PREOCUPAÇÃO COM A ÉTICA

"O interesse pela profissão de auditor independente foi despertado por um de meus professores na Escola de Administração da Universidade Federal da Bahia (UFBA), que era presidente de uma grande empresa e havia trabalhado na PwC, que na ocasião se chamava Price Waterhouse. Na época, eu estava envolvido com política estudantil e era vice-presidente do Diretório Acadêmico. Tinha grande preocupação com a ética e as causas nacionais. Ao ouvir deste professor comentários sobre a postura ética da PwC, o fato de ser uma empresa nacionalmente autônoma, ainda que tenha atuação multinacional por meio do *network* de firmas, além de profundamente comprometida com o País e com a formação de seus profissionais, decidi seguir a carreira de auditor externo na PwC atraído também pela meritocracia que enxergava na empresa."

O COMEÇO NO MILAGRE

"Ainda enquanto cursava a faculdade, em 1979, fui admitido no escritório de Salvador da PwC, a firma de auditoria com a mais sólida carteira de clientes na região, incluindo grandes estatais como o Banco do Estado da Bahia (Baneb), a Telebahia e a Companhia das Docas do Estado da Bahia – Codeba. Na época, o Estado vivia uma fase de grande expansão econômica. Estatais e multinacionais petroquímicas consolidavam suas operações no Pólo Petroquímico de Camaçari e havia também um grupo de empresas se instalando no Centro Industrial de Aratu (CIA). Era um período de intensa atividade e extremamente propício para um profissional em início de carreira."

O PRIMEIRO TURNINGPOINT

"No final dos anos 1980, recebi algumas ofertas tentadoras de trabalho. Houve uma, particularmente, que me deixou muito indeciso. A proposta veio de um grupo sólido que iniciava suas operações no setor petroquímico, estava em franco processo de internacionalização e cujo fundador eu muito admiro. Sem falar nas vantagens financeiras oferecidas. Senti que estava diante de uma decisão que definiria o meu futuro profissional. Optei por permanecer na PwC em razão da possibilidade de trabalhar no exterior. Eu havia sido selecionado para fazer um programa de intercâmbio nos Estados Unidos e, na seqüência da minha decisão de continuar na organização, embarquei para uma temporada de dois anos no escritório de Houston, Texas, que na época era o quarto maior da PwC naquele país e tinha como principais clientes as grandes empresas de petróleo e petroquímica como Shell e Exxon, uma área na qual eu tinha experiência."

O SEGUNDO TURNINGPOINT

"Durante o intercâmbio nos Estados Unidos freqüentei cursos em universidades americanas e enfrentei a segunda grande decisão de minha carreira. Fui convidado a permanecer em Houston por mais dois anos. Esta foi outra decisão difícil. Era uma excelente oportunidade, principalmente em função da especialização que eu havia adquirido na indústria petroquímica. Contudo, ficar quatro anos longe do Brasil praticamente inviabilizaria minha carreira na firma brasileira. Ou seja, avaliei que ficar por mais dois anos nos Estados Unidos poderia significar a permanência definitiva naquele país e esse não era meu desejo."

O RETORNO

"De volta ao Brasil, assumi uma carteira de clientes com atuação em setores variados e pouco tempo depois, em 1991, me tornei sócio e líder dos escritórios de Salvador e Vitória. Na Bahia, a operação se mantinha dinâmica e desafiadora envolvendo grupos que estavam se expandido para novos mercados e outros de origem internacional se consolidando na região. No Espírito Santo, estávamos ampliando nossa presença com a conquista de clientes nas áreas de siderurgia e de papel e celulose. Nessa época, também fui nomeado para a posição de sócio encarregado do Planejamento Estratégico da firma brasileira."

ATUAÇÃO GLOBAL

"Um novo ciclo na carreira se iniciou quando aceitei me mudar para São Paulo, em 1996, para ser responsável pela área que incluía os serviços de auditoria no escritório da capital e, logo depois, nomeado para liderar a auditoria em todo o Brasil. Fui também eleito por meus sócios para representar a firma brasileira no Board do *network* da firma PricewaterhouseCoopers para América do Sul e Central e, como membro deste, para fazer parte do Board Global de firmas PwC como representante da região."

O DESAFIO

"Há três anos fui eleito para ser o sócio presidente da PricewaterhouseCoopers – Brasil com o compromisso de ampliar o portfólio de serviços e manter a liderança de mercado conquistada desde 1915, quando a firma iniciou suas atividades no País. Com essa responsabilidade sobre os ombros, fui surpreendido por uma crise de dimensões globais, que se seguiu aos escândalos corporativos e coincidiu com o fim do ciclo de investimentos estrangeiros no Brasil e a recessão econômica. Apesar da PwC não ter sido envolvida nos eventos corporativos, houve uma grande repercussão dos mesmos em nossa profissão. Uma das conseqüências foi a reavaliação de uma série de normas e preceitos com profundas mudanças nas questões regulatórias, que exigiram a reformulação de nossas estratégias."

RESULTADOS

"Sinto-me vitorioso. Foi um trabalho integrado e coordenado. Todos e cada um dos cerca de 100 sócios da PwC Brasil, não apenas eu e os demais membros do Comitê de Gestão Executiva, estes últimos responsáveis pela estratégia em si, saímos da crise maiores do que entramos. A firma não só continua na liderança, como a ampliou em todas as áreas de negócios. É a maior empresa de serviços profissionais do mundo e do Brasil e os negócios se alavancaram exponencialmente, apesar do crescimento pífio da economia brasileira. Temos sido premiados nos últimos anos em todos os nossos segmentos de atuação: 'Melhor Consultoria Tributária do Brasil', segundo a 'International Tax Review', por quatro anos consecutivos; 'Top of Mind em Soluções de Capital Humano e Gestão Empresarial', por três anos consecutivos; e a 'Firma de Auditoria mais Admirada no Brasil', desde a inserção deste tipo de premiação e já por três vezes seguidas. A PwC é percebida como melhor em qualidade. Temos uma carteira de clientes extremamente diferenciada, que representa boa parte do PIB brasileiro e um extraordinário contingente de talentos representados pelos nossos quase 2.600 profissionais."

OS VALORES

"Os conceitos que motivam a agir, na verdade, são centrados num conjunto de valores. Primeiro, a profunda crença no trabalho em equipe. Sou absolutamente convicto de que as melhores soluções surgem do esforço coletivo. Segundo, a permanente busca pela excelência, que na minha visão é alcançada através da postura de aprendizado, da busca pela inovação e da atitude voltada para a superação de limites. E terceiro, que é fundamental, sempre agir com integridade e tendo a coragem de fazer o que é certo."

O SOCIAL

"Nosso compromisso com o Brasil continua se ampliando, incluindo nos últimos anos um conjunto de programas consolidados no projeto intitulado 'PwC Cidadania'. Ele envolve cerca de 600 voluntários dedicados a iniciativas de cunho educativo, social e ambiental e dispostos a doar os recursos mais valiosos que eles têm: tempo e conhecimento, para um programa de ação da cidadania que é dos mais abrangentes. Todos contando com o incentivo e a contrapartida da PricewaterhouseCoopers."

FRANCISCO VALIM FILHO
DIRETOR-GERAL DA NET SERVIÇOS DE COMUNICAÇÃO

ATITUDE, A ARMA DO ADMINISTRADOR

A palavra desafio está mais do que evidente no currículo do executivo Francisco Valim Filho. Afinal, ele já conduziu tarefas como a preparação de lançamento de ações de um grande grupo e a renegociação de bilhões de reais em pagamentos a fornecedores. "Quando dizem 'olha, tem uma tarefa grande para fazer, precisa organizar os diversos recursos para poder executar a tarefa', isto é para mim. Consigo lidar bem em condições de liderança e pressão", conta este administrador de empresas, com mestrado pela UFRGS, que desde fevereiro de 2003 é o CEO da Net Serviços de Comunicação, maior multioperadora de TV por assinatura do Brasil. Para Valim, o administrador deve reunir o que ele chama de "CHÁ": Conhecimento, Habilidade e Atitude: "Mas o principal é a atitude. Você pega aquele cara e diz: 'vamos fazer?' 'Não, vamos ver, talvez...'. Não dá certo". Fora do batente, Valim, casado e pai de três filhos, lê bastante ("de madrugada, claro"). Joga tênis e, há três meses, voltou a praticar o kung-fu, que abandonara na adolescência. "Mas é só como esporte", avisa.

A PARTIDA

"Ainda na faculdade, comecei em meu primeiro emprego, trabalhando em uma empresa familiar de material hospitalar. Antes, fiz muito 'bico' elaborando programas de computador. Paguei minha lua-de-mel fazendo um programa de controle de estoque para uma fazenda, para acompanhar a vacinação dos rebanhos de gado e de ovelhas e ainda dos cavalos. Então, acabei fazendo muita coisa em contabilidade. Na empresa de material hospitalar, fui para a parte administrativa e financeira. Eu mesmo montava os programas. Foi mais do que um estágio, porque não ganhava como estagiário e também tinha responsabilidade de fazer o negócio funcionar, inclusive fechar a contabilidade – não sou contador, tinha um contador lá, terceirizado, que fazia a escrita fiscal, mas na realidade ele só validava tudo que já era feito."

CUIDANDO DAS FINANÇAS

"Por causa dessa experiência, alguém na Rede Brasil Sul de Comunicação, o Grupo RBS, que me conhecia e sabia que eu tinha facilidade com computação, contabilidade e a parte administrativa, me indicou para trabalhar na área financeira do grupo, cuidando de fluxo de caixa. Estava na RBS há uns dois ou três meses, e tinha um colega de sala que cuidava da parte financeira de alguns membros da família. Esse colega teve um problema cardíaco, ficou afastado uns três ou quatro meses, e pediram para substituí-lo. Dali, então, comecei a cuidar da parte de caixa da RBS, mas de caixa da família. Isso foi no fim de 1989, início de 90."

EUFORIA DA INTERNET

"A partir daí, fui só aumentando as minhas atribuições na área financeira do grupo. Fui gerente de planejamento, incluindo planejamento financeiro. Paralelamente, sempre cuidei das contas da família. A RBS patrocinou o meu MBA, que foi de Administração Financeira e Gestão de Empresas Multinacionais, na Universidade de Southern California, em Los Angeles. Fui o primeiro executivo a ter um MBA patrocinado pela empresa. Voltei e assumi toda a área financeira da RBS. Então, nesse período, basicamente de 1995 a 1997, o *boom* do mercado de capitais no Brasil, fiz de tudo. Tudo que tinha para fazer, de todos os tipos e tamanhos.

Só não preparei, na época, o lançamento de ADRs. A empresa estava planejando, mas não chegou o *time*."

NA TELEFONIA

"No fim de 1997 assumi o cargo de CEO de uma dos braços do Grupo RBS, a Net Sul, empresa de TV por assinatura que cobre os estados do Rio Grande do Sul, Santa Catarina e Paraná. Em 2000, a Net Sul foi vendida para a então Globo Cabo. E voltei para a RBS como vice-presidente, cuidando de novos negócios e de desenvolvimento estratégico. Lá fiquei por mais de um ano. No início de 2002 fui para a Telemar, sendo responsável pela área de telefonia fixa, e, mais tarde, respondendo por toda a área financeira da companhia. Esta era a função em que eu estava, quando saí para a Net Serviços, em fevereiro de 2003."

SEMPRE DESAFIOS

"Normalmente, assumo as *broncas* que estão encrencadas. A primeira foi no início de 1993, quando a RBS decidiu aumentar a expansão. Então, tinha que ter capacidade externa, recursos de terceiros, mercado estrangeiro. A RBS não tinha nenhuma *expertise* nesse assunto. Eu também não tinha. Havia dois ou três anos que tinha saído da faculdade. Eu tinha dado a matéria, mas não tinha experiência nenhuma. E acabei me envolvendo em todo esse processo, inclusive em auditoria, que conhecia pouco. Lembro-me que tivemos um período em que trabalhei todos os dias, inclusive fins de semana, de 17 de agosto até 10 de dezembro. Todos os dias, 12 a 15 horas por dia, virando noite, às vezes, para fazer o tal do troço que parecia impossível. Todo mundo achava que era impossível: separar todos os números da companhia nos últimos três anos, inclusive em moedas diferentes, para fazer a emissão, realizada no fim do ano seguinte. E deu tudo certo. Então, dali em diante, toda vez que surgia um negócio difícil, eu acabava assumindo."

NEGOCIANDO

"Na Telemar, em função do Programa de Antecipação de Metas, a companhia tinha investido em torno de R$ 10 bilhões no ano de 2001, e era preciso dar uma equalizada nas contas de alguns fornecedores e fazer uma avaliação pós-investimento maciço. A decisão do Conselho foi suspender os pagamentos, até que fosse terminada essa avaliação. Tive que administrar a suspensão de pagamentos de R$ 3 bilhões, pois eram centenas de fornecedores. Tinha reunião todos os dias, como uma religião, para decidirmos o que fazer. Era um processo de mais de 100 pessoas. No fim, geramos um ganho de mais de R$ 200 milhões para a Telemar. A área de contas a receber, por exemplo, era deficitária. Conseguimos reduzir quase pela metade o nível de perda em dólares, em menos de um ano. Na Net Serviços conseguimos, em pouco mais de 10 meses, que todos os trimestres tivessem resultados crescentes. Entre o primeiro e o terceiro trimestres, este crescimento do resultado foi superior a 20%. Então, gosto de trabalhar nesse tipo de tarefa."

O TIME

"Eu preciso ter uma equipe, organizada o mais rápido possível, preferencialmente mexendo o mínimo. Só tem que mexer quando absolutamente necessário. Tem-se que jogar com os jogadores de que se dispõe. Depois disso, é um sistema de gestão. Ou seja, quais são os objetivos, como são e quais são as metas e como acompanhamos. É a combinação de duas coisas: as pessoas certas e o objetivo claro. O que precisamos fazer? Estabelecendo um sistema de acompanhamento disso, mais ou menos dá para saber as regras do jogo. É simples. O complicado é ter a disciplina de fazer isso."

ABERTURA

"Sou supertransparente. Todo mundo sabe o que estou pensando. Então, não tem surpresa. Ninguém fica achando: 'Pô, o cara me pegou de jeito, não esperava...' Do momento em que digo 'olha, a regra é essa', não mudo as regras. Se tiver algum problema, a gente vai administrando. Temos que estabelecer objetivos. Por isso, tem que estar participando da solução, estar próximo, para que as pessoas possam contar. Se alguém diz 'olha, deu um problema', a gente senta e discute. Na minha opinião, o que as pessoas mais detestam nos ambientes de trabalho é a incerteza. Essa coisa do negócio é uma incerteza razoável. Mas estou falando da incerteza sobre 'estou indo bem, estou indo mal'. A empresa está bem? Meu trabalho está sendo reconhecido? Esta é a incerteza que mata o cara. A pessoa vai para casa pensando: 'Será que hoje contei ponto?' E isso é uma coisa que não tem dúvida. Eu aviso o cara: 'amigão, não está legal'. Se não tem jeito, é preciso resolver, e resolver rápido."

EQUIPE

"Tento, nesta equipe, fazer o máximo possível para verem que o objetivo é comum. E aí vira o processo do time. O problema deixa de ser meu. E a vitória também deixa de ser sua. Você passa a ser realmente um mediador. Às vezes, no início, quando os processos são abruptos, ajo mais isolado. Mas meu objetivo é o mais rapidamente possível fazer com que todo mundo no processo saiba o que tem que fazer e faça o mais rápido possível."

GURU

"Recentemente saiu um livro que tenho usado muito, *Good to Great* (*Empresas Feitas para Vencer*, na edição brasileira), escrito pelo americano Jim Collins. Ele fez uma pesquisa de mais de 10 anos, em que fala de algumas etapas importantes da companhia. Uma delas: tem que decidir quem está no ônibus e quem não está. Se o cara está no ônibus, tem que entrar e saber estar. Se não está no ônibus, tem que tirar do ônibus. Por quê? Quem está no ônibus vai se sentir injustiçado. Quem está fora sai porque está fora do ônibus e não porque é amigo do rei. É porque naquela atribuição, naquela empresa não tem condição de contribuir para o negócio funcionar positivamente. Mas isso é da essência do negócio. Dizem que o ativo está nas pessoas. Não é que as pessoas sejam um ativo, mas a capacidade de fazer segurar um time, uma equipe, um movimento coordenado, isso sim, é um ativo."

A DISCIPLINA

"A melhor avaliação que fizeram de mim como profissional foi a que recebi quando fiz, no Exército, o curso do Centro de Preparação de Oficiais da Reserva, o CPOR. Os militares, no fim do curso, emitem uma avaliação e dizem se recomendam o sujeito para o serviço ativo ou não. Eles queriam que eu continuasse no serviço ativo. Isso foi em 1982, no regime militar. O soldo era muito bom. Eu não queria continuar, mas a experiência foi excelente. Fui comandante de companhia e tinha de lidar com pessoas muito mais velhas do que eu, os sargentos, além de comandar meus próprios colegas de fora do quartel."

O MISSIONÁRIO

"Outra experiência, mais intensa, foi pela minha condição de membro da Igreja Jesus Cristo dos Santos dos Últimos Dias. Ou mórmon, como se diz mais popularmente. Isso me deu uma experiência, já na adolescência, de envolvimento pessoal. A igreja ajuda você a se envolver com as pessoas, existem funções de liderança. Nesse processo, desde 14, 15 anos de idade tenho responsabilidade por outras pessoas, em ajudar, apoiar, diferentemente de outros adolescentes que têm poucas responsabilidades, como escola, família, coisas mais simplificadas. Sempre tive bastante envolvimento, aprendi a falar em público: falava na congregação para 100 ou mais pessoas. Durante dois anos, fui ensinar sobre Jesus Cristo para famílias em geral, no Paraná. Fiquei muito tempo em Curitiba, mas morei em outras cidades. Lidava com brasileiros de renda muito baixa e americanos numa faixa de renda alta. Realmente, eram os extremos da pirâmide. Esse processo de formação que tive na Igreja, reforçado no Exército, foi muito importante para mim. As corporações precisam de gente que tenha disciplina, força de vontade, objetivos claros e que consigam transmitir isso de uma forma razoável para as outras pessoas, e que as pessoas sintam um mínimo de simpatia e confiança para trabalhar."

O "CHÁ"

"Todo mundo que está começando, e pretende ser um administrador, deve ter o que se chama de "CHÁ": Conhecimento, Habilidade e Atitude. É preciso gastar muito tempo no conhecimento, que envolve línguas, computação, técnicas mesmo. Por exemplo: como se lança um produto? Na caixa de ferramentas do cara, ele tem que poder discutir qualquer assunto com fluência. Eu passei a maior parte da minha vida atuando na área financeira, não tenho nenhum problema em discutir assuntos da área de publicidade, sei como funciona o sistema todo. Talvez não seja a minha melhor capacidade, tenho que estar com uma pessoa melhor, ficar em segundo plano, mas tenho que ser capaz de saber se aquilo é bom ou ruim. A habilidade surge muito do conhecimento. Adquirindo conhecimento, tem que ter experiência. Para mim, estagiário tem que pagar para trabalhar. É onde ele vai ganhando habilidade. E algum conhecimento também. Mas o principal é a atitude. Você pega aquele cara e diz 'vamos fazer?'. 'Não, vamos ver, talvez...' Em administração algumas coisas são impossíveis, como na vida em geral. A maior parte das coisas é possível, mas requer muito esforço, um esforço desproporcional. E se a pessoa não tem atitude, não dá certo."

OS ERROS

"Acho que duas situações prejudicam muito uma companhia. A primeira é o comodismo. Acredito que o executivo, no momento em que entra numa coisa que não é o que ele gostaria de fazer, tem que mudar de modelo mental e ir para outra. E trocar, assim que for possível, mesmo que isso signifique condições piores. No longo prazo, ele vai ter condições melhores de grana e de cabeça. Não consigo levantar segunda-feira de manhã, se não estiver muito motivado naquilo que estou fazendo. O segundo erro clássico é a falta de tomada de decisões."

O DEBATE

"Admiro muito as pessoas que têm a capacidade de, em ambiente complexo, encarar não o conflito, no sentido de disputa, mas a troca de idéias que permite a exposição: 'olha, sou assim. Acho que a companhia ganharia mais pensando assim'. A gente pára para discutir. Esse é um erro que as companhias permitem que os executivos tenham. Não são as 'companhias', não existe 'a companhia', 'a firma', só no livro do John Grisham. De resto, são um monte de pessoas tomando decisões que acabam se materializando em 'a', 'b'. Conheci várias empresas em profundidade, e perdem-se rios de dinheiro nesse processo. A gente diz: 'Olha, vamos vender mais barato porque, talvez, vá dar trabalho fazer diferente'. Acho esse o principal erro das companhias, que os executivos deveriam evitar."

HÉLIO NOVAES
VICE-PRESIDENTE EXECUTIVO DA SULAMÉRICA SEGUROS

"O CONSUMIDOR É O PRINCÍPIO E O FIM"

O engenheiro Hélio Novaes é um caso peculiar de manager que construiu sua trajetória dentro de uma mesma empresa privada, e em um mercado extremamente competitivo. Ele entrou na SulAmérica Seguros há quase 30 anos, como assistente comercial, e hoje é o vice-presidente executivo da maior companhia seguradora do mercado brasileiro – onde conhecer bem o cliente é crucial para o negócio.
"Se uma empresa não entender que hoje quem manda no mercado é o cliente, vai quebrar a cara. Você vai querer fazer produtos e depois tentar encontrar justificativas por não estar vendendo. Coisas do tipo 'a proposta ficou feia'. Mas não é nada disso. O consumidor é que não quer aquilo", diz Novaes. "Você tem de consultá-lo, e atendê-lo nas menores demandas. Hoje é o consumidor quem determina a sobrevivência no mercado", completa.

CERTEZA PROFISSIONAL

"Em 1974 eu estava cursando engenharia na Universidade Santa Úrsula, no Rio, quando disse a meu pai que queria trabalhar. Ele me perguntou por que eu não ia trabalhar com seguros. Era um ramo que estava em crescimento. Fui, então, fazer um curso na Funenseg, um Curso de Assistente de Seguros, ou CAS, durante um ano e alguns meses. Na época fiquei um tanto chateado, porque tinha de conciliar o curso com a universidade. Mas chegando lá eu conheci algumas pessoas de seguradoras, entre elas uma da SulAmérica, que me indicou para um teste na empresa. Fui direto para uma área que estava sendo montada, de atendimento a grandes contas. A SulAmérica era muito espalhada pelo Brasil inteiro, e queria uma área, na época gerência comercial, para atender a grandes corretores do mercado. Entrei como assistente comercial e hoje tenho 26 anos de empresa."

FORMAÇÃO

"Nessa área de atendimento comercial, fiz depois vários cursos. Como eu precisava lidar com grandes corretores, tinha de ter conhecimento técnico que permitisse um diálogo com eles. Eram todos grandes grupos nacionais. Essa área era um misto de técnica com vendas. Eu tinha de convencê-los de que a SulAmérica era uma seguradora boa de se trabalhar. E, por outro lado, quando o corretor começava a trabalhar conosco, eu tinha de resolver os problemas dele, ajudá-lo a formar o seguro. Foi uma época em que o mercado estava crescendo."

NOVOS MERCADOS

"Nos anos 1980, a SulAmérica viu a possibilidade de vender seguros por intermédio de bancos sem seguradoras, ou que tivessem seguradoras mas não atuassem em determinado segmento. Para esses bancos era difícil vender apólices de um concorrente, porque o cliente poderia não aceitar. Fui, então, chamado para formar e ocupar a Superintendência de Canais Alternativos Financeiros, onde fiquei algum tempo. Na época, havia outra superintendência que era responsável por todas as áreas comerciais da SulAmérica no Brasil inteiro. Juntaram-se essas duas superintendências, e fiquei responsável pela área comercial da seguradora em todo o país."

AMPLIANDO O MANAGEMENT

"Em 1985, fui promovido a diretor comercial da matriz. Minha missão era expandir essa busca de corretores pelo interior do Brasil. Anos depois fui transferido para São Paulo como vice-presidente da sucursal. E aí tive uma experiência mais ampla. Eu cuidava da parte técnica, financeira, da administração etc. E São Paulo é mais da metade da SulAmérica. Essa experiência paulista foi muito marcante em minha vida. Eu tinha uma educação de técnica de vendas. Ganhei uma formação empresarial."

QUALIDADE TOTAL

"Tenho um temperamento competitivo, no bom sentido. Em diferentes fases da minha vida, uma área estava sendo montada. Então eu queria que aquela área crescesse, se desenvolvesse. Mas faltava um fato que marcasse a minha gestão pelo aspecto organizacional. E isto aconteceu em São Paulo, quando conseguimos que a SulAmérica fosse a primeira empresa da América do Sul a receber a certificação ISO 9002. Foi o reconhecimento de um trabalho de gestão empresarial feito por mim. Todas as metas foram norteadas, anotadas, e depois corremos atrás daqui. Fomos atingindo todas, com o projeto de qualidade. Com toda a sinceridade, não fui eu que consegui; foi uma vitória de todos, depois de um ano e meio de trabalho."

NOVO PLAYER

"O Plano Collor foi algo que mudou o comportamento do mercado. O consumidor ganhou uma importância diferente. Antigamente, sentavam-se um corretor e a seguradora, formava-se um produto que se tentava vender. Então chegou uma hora em que existia alguém novo no jogo. E a decisão foi de mudar toda a SulAmérica. De criar o produto pensando no consumidor, montar o *call center* de atendimento da empresa etc. Você imagina dizer, 10 anos atrás, que em 20 minutos rebocávamos o carro onde estivesse? A companhia era 'missioneira': missão de pegar aquela conta, de desenvolver aquele corretor, aquele estado. Passou a ser uma empresa de serviços. E sem nunca perder a consciência de que o grande parceiro no negócio é o corretor de seguros. É o que diferencia a SulAmérica. Nós trabalhamos com 26 mil corretores, que todo mês recebem uma comissão da companhia."

INFLUÊNCIAS

"Aqui na SulAmérica, o Roni Lyrio foi uma pessoa importante na minha carreira. Octávio da Fonseca foi um vice-presidente de produção da companhia com quem também trabalhei muito tempo. Ele tinha uma visão prática da vida, que eu incorporei. E essa minha relação mais recente com Patrick Larragoiti é importante. Ele ensina muito os limites. É construtivo você trabalhar com um dono do negócio que respeita sua área. É algo que ensina."

DIÁLOGO

"Negociar é fundamental. Negociar no amplo sentido da palavra. Quando você atinge uma função dessas, não adianta achar que você manda. Primeiro, tem de fazer com que as pessoas acreditem; segundo, precisa muito mais convencer do que mandar. Então, a negociação, para mim, é passar o dia inteiro convencendo os outros vice-presidentes sobre qual é o melhor caminho, o que é melhor para a companhia. Eu posso chegar aqui e dizer para fazer assim. Eu não tenho dúvidas de que a pessoa vai fazer. Mas prefiro que ele faça isto convencido de que é mesmo melhor. É o meu método. A disciplina de convencer as pessoas é vital."

MOTIVAÇÃO

"Você pode ter muitas idéias para implantar na estrutura. Mas, se não encontrar um solo fértil para isto florescer, não vai conseguir. Certa vez, fizemos aqui na SulAmérica uma campanha motivacional. A campeã nacional foi uma mulher que trabalha no núcleo de atendimento a corretores em Teresina. Foi a que melhor atendeu a clientes, a que melhor desenvolveu, a que trouxe as melhores idéias, entre 7 mil funcionários. Incluímos, por exemplo, uma campanha motivacional de atendimento à comunidade. Prometemos aos funcionários que, para cada um donativo arrecadado por eles, daríamos outro. Foram arrecadadas mais de 45 toneladas de agasalhos e gêneros alimentícios. Então, foram distribuídas quase 100 toneladas no Brasil inteiro, pelos próprios grupos de funcionários, que foram para instituições de caridade etc. Os depoimentos foram de arrepiar."

DISCIPLINA

"Você deve estabelecer metas ambiciosas, mas atingíveis. Também se devem evitar metas muito longas. Pode ser desestimulante. Não acho uma deficiência estabelecer um desafio fácil. Você vai graduando, mas de maneira que não deixe de atingir os objetivos."

JOÃO COX
EX-PRESIDENTE DA TELEMIG CELULAR E DA AMAZÔNIA CELULAR E SÓCIO DA COX ADVISORY

"O CLIENTE É O QUE IMPORTA"

A vida do executivo João Cox mudou em um 1º de abril, e não era mentira. Depois de 13 anos como diretor financeiro em empresas do Grupo Odebrecht, e vivendo o dia-a-dia de setores do atacado como a petroquímica, em 1999 ele aceitou o desafio de ingressar no concorrido negócio da telefonia: foi presidente da Telemig Celular e da Amazônia Celular, que somam 3 milhões de clientes. Este economista, aos 16 anos, já estava prestando vestibular. "Talvez eu tenha sido fruto de uma geração que teve de tomar suas decisões de vida mais cedo. Naquela época, por exemplo, era comum querer sair de casa enquanto hoje é freqüente ver jovens com mais idade querendo continuar morando com os pais", *comenta. Cox encara normalmente uma jornada de trabalho de 12 a 14 horas por dia, de segunda a sexta-feira.* "Mas o fim de semana é só da família", *avisa. Ele, mulher e três filhos se reúnem até debaixo d'água: todos tiraram certificação para mergulho, praticado de preferência em Fernando de Noronha.*

O DIPLOMA
"Sou graduado em economia, começando os estudos pela Universidade do Distrito Federal e concluindo o curso na Universidade Federal da Bahia. Por que escolhi economia? A engenharia, claro, era uma opção. Mas sempre me interessei por negócios, pela parte financeira etc. Então, a conseqüência natural foi estudar economia. Quando terminei mi-

nha graduação, fui fazer mestrado na Universidade de Quebec, no Canadá, e depois pós-graduação na Universidade de Oxford."

AGULHA NO PALHEIRO

"Trabalhei pouco mais de um ano no governo da Bahia, quando surgiu um convite da Odebrecht. O grupo procurava uma pessoa que dominasse outros idiomas, tivesse experiência no exterior e conhecesse informática. Eu era, literalmente, uma agulha em um palheiro... Hoje, todo mundo faz isto. Está cada dia mais complexo, não dá para ter uma receita de bolo do primeiro emprego."

NO INÍCIO, O CRUZADO

"Entrei em 1986 para o time de analistas de investimentos, começando a carreira primeiro na *holding*. Foi o ano do Plano Cruzado, um período que muitos consideraram bastante complicado para os negócios. Mas a verdade é que quando você está começando na vida seu nível de estresse é diferente."

PELO CONSENSO

"Também era a época em que a Odebrecht estava decidindo investir em petroquímica. Terminado o processo de aquisições, fui parar na própria área. O setor era extremamente fragmentado, com mais de 10 grupos, e estava começando a se estruturar. Os processos de venda de ativos eram muito lentos. Mas como diretor financeiro, além de trabalhar nas análises necessárias à aquisição, também me relacionei com outros sócios. Na petroquímica, até recentemente, a gestão era compartilhada. E foi uma experiência muito rica sempre ter vivido em sociedades onde a negociação, a busca pelo consenso sempre fazia parte do dia-a-dia do negócio. Fiquei na área petroquímica até 1996, quando voltei para a *holding*, também como diretor financeiro, para viabilizar uma oferta pública de ações do grupo."

BOLA DE CRISTAL

"Encerrei minha passagem pela Odebrecht, também como diretor financeiro, na área de serviços de infra-estrutura do grupo. Isto envolvia atividades como rodovias, energia, água e saneamento. Nesta fase tive, por exemplo, a experiência na gestão de uma empresa do grupo na Argentina. Eu era o vice-presidente do conselho de uma concessão rodoviária em que tínhamos sócios argentinos, mexicanos e malaios. Estava em Buenos Aires quando, em janeiro de 1999, o real foi desvalorizado. Eu não pude deixar de perceber o comentário do colega argentino falando sobre a crise brasileira. Eu disse a ele: 'Estamos aqui sentados com um colega do México, que enfrentou uma crise poucos anos atrás, e um da Malásia, onde a moeda foi desvalorizada recentemente, faturando um terço do que faturava. Você acha que isto vai parar por aqui?' Não parou mesmo."

MUDANÇA

"Eu estava no braço de infra-estrutura para reformular a estrutura de capital da empresa. No caso das rodovias, foi criada uma nova *holding*, concentrando os negócios que tinham as participações da Camargo Corrêa e da Andrade Gutierrez. Também houve a decisão estratégica de vender a participação na hidrelétrica de Itá para a CSN. E o segmento de água e saneamento ainda não tinha se desenvolvido como hoje. Foi quando surgiu o convite para assumir a vice-presidência de Finanças e de Relações com Investidores da Telemig Celular e da Tele Norte Celular."

OBSTINAÇÃO

"Quando assumi a presidência dessas duas empresas, em setembro de 2000, e fui discutir o orçamento, tinha um competidor em Minas Gerais e dois no Norte do país. Quando eu disse para o meu pessoal que queria vender mais e ganhar mais dinheiro, todos disseram que era impossível, nesse cenário de competição mais acirrada. Mas, se você tem pessoas boas, e acreditando, isto é possível – e aconteceu. A Microsoft é a empresa mais rica do mundo, mas começou numa garagem; a Wal-Mart abriu sua primeira loja no interior dos Estados Unidos, e hoje é uma das maiores redes de varejo do mundo. Mas primeiro tem de sonhar, acreditar e, com obstinação, perseguir seus sonhos."

GENTE

"Aprendi algo na vida que tenho usado muito na profissão: o que importa é gente. Tapete, cadeira e parede não tomam decisões. Ter a pessoa certa no lugar certo é o que faz a diferença do sucesso. E o fracasso de uma empresa pode vir com pessoas boas, mas erradas para aquele momento."

ADMINISTRANDO NO CONFLITO

"Também contribuiu muito para minha formação como executivo ter trabalhado em uma empresa que viveu talvez o maior conflito acionário verificado no Brasil *(refere-se ao conflito, iniciado em julho de 2000, envolvendo o Opportunity e a operadora canadense TIW, que vendeu sua participação em março último)*. Imagine administrar uma companhia neste contexto. É uma experiência muito rica."

TRANSFORMAÇÃO

"Logo que comecei a trabalhar na Telemig e na Amazônia, um executivo que eu conhecia me convidou para fazer uma palestra um mês depois. Argumentei que não conhecia bem o setor ainda. Mas recebi, como resposta, a afirmação de que aqueles que lá estavam há 10, 15 anos também não sabiam o que estava acontecendo. Era verdade. A telefonia celular é um setor em permanente transformação."

O FOCO NO CLIENTE

"Meu ingresso no negócio de telefonia celular representou uma mudança drástica na minha carreira. Afinal, na Odebrecht o foco era no atacado, e não havia relacionamento com o cliente no varejo. Quando assumi a Telemig e a Amazônia Celular, eram 2.800 colaboradores e 3 milhões de clientes. A preocupação com o marketing era importantíssima e a estratégia comercial, completamente distinta. Afinal, o cliente é o que importa. É preciso organizar a empresa a partir dele. É o cliente que gera riquezas. Identificar as oportunidades, servir ao cliente, remunerar o acionista para que ele faça mais investimentos e beneficie o cliente. Este é o círculo virtuoso."

O MERCADO

"O cliente tem de estar satisfeito. Na época, o *call center*, chamado de Área de Relacionamento com o Cliente, foi constantemente eleito o melhor do Brasil na telefonia celular e chegou a ser o melhor em todos os setores. Fazíamos entre 12 mil e 15 mil entrevistas por mês em pesquisas de mercado. Se planejávamos fazer campanha, procurávamos medir no mercado se aquela mensagem era a que o cliente queria ouvir. Antes, mostrávamos a alguns grupos para ver se atendia aos objetivos. Depois que estava na rua, testávamos novamente. Se chegávamos a um consenso sobre um *slogan* que achávamos ótimo, mas que o teste de mercado reprovava, jogávamos fora. A concorrência, nos dias de hoje, exige uma sofisticação enorme, no sentido de buscar a segmentação. Quando você tem 3 milhões de clientes, gerenciar isto é muito complexo, muito interessante."

MODELO

"Acredito muito na formação pelo trabalho e não para o trabalho. Não acredito naquela turma que trabalha, se forma, 10 anos depois faz um

MBA. O ideal é se dedicar à parte acadêmica até acabar e pronto. Aliás, morar em outro país com apenas 20 anos, quando fiz o meu mestrado, foi uma grande experiência, por levar ao conhecimento de culturas distintas, estimular a iniciativa própria etc. Procuro incentivar muito meus filhos a fazerem o mesmo."

JONIO FOIGEL
PRESIDENTE DA ALCATEL

LIDERANÇA PARA SUPERAR DESAFIOS

A trajetória de Jonio Foigel coincide com um dos mais importantes períodos do grupo Alsthom no Brasil. Desde o início da década de 1980, quando entrou na CGEE Alsthom, acompanhou de perto as mudanças societárias e de estrutura conduzidas pelo conglomerado francês, comandando diversos dos negócios no país. Ao longo destes anos, tem se caracterizado pelo seu poder de liderança, qualidade que, segundo ele próprio, aflorou ainda na faculdade. "Decidi que, concluído o curso, estudaria no exterior. Convenci meus amigos a fazer o mesmo e lá fomos nós para a França", relembra. Foigel, nos últimos quatro anos, comandou uma importante reestruturação na Alcatel. Uma empresa endividada, que dependia de regulares aportes da matriz, tornou-se a maior fornecedora no segmento de telefonia fixa e uma das três mais importantes na telefonia celular no Brasil.

FORMAÇÃO ACADÊMICA

"Sou de Recife, onde me formei em engenharia elétrica, na Universidade Federal de Pernambuco. Naquela época, a engenharia elétrica era um negócio muito amplo, mas fui para automação. Nesta fase, um momento marcante foi a decisão de passar um ano no exterior. Com 18 anos, ao concluir meu primeiro ano na faculdade, fui trabalhar num *kibutz* em Israel. Depois, fiquei três meses na Europa. Essa viagem estabeleceu uma meta em minha vida: terminar a faculdade e morar no exterior. Assim foi. Retornei ao Brasil e concluí o curso de engenharia. Acabei assumindo uma liderança na minha turma e passei a idéia adiante: mais seis colegas de turma foram estudar comigo na França."

DOUTORADO

"Fiquei três anos e oito meses na França, onde fiz mestrado em computação e doutorado em sistemas de automação pela Universidade Pierre et Marie Curie. Este é outro ponto importante da minha vida. O doutorado nunca é o assunto que você quer pesquisar. Tratei de automação de uma destilaria de petróleo, uma coisa que na época era muito difícil. O mais importante é que esta experiência me ensinou a estudar. Eu pegava 30 livros para pesquisar. É algo que tem de ser ensinado nos colégios brasileiros: como se pesquisa, como se é capaz de virar duas, três noites para sair um trabalho bem-feito, com começo, meio e fim."

O RETORNO AO BRASIL

"Antes de voltar para o Brasil, visitei algumas empresas francesas com filiais aqui. Não tinha emprego nenhum, era bolsista do governo francês. Nunca tinha trabalhado, a não ser em cursinho. Atuei três, quatro anos como professor de cursinho, em Recife, na fase da faculdade. Foi uma experiência maravilhosa. Dava aulas para mais de 200 alunos, com microfone. Isso me ajudou muito em termos de comunicação. Você aprende a dominar um grupo grande, um grupo rebelde. Tinha três ou quatro anos a mais do que aquela turma. Era aula de física, eletricidade, eletromagnetismo, assuntos que o pessoal 'adora'!"

O INÍCIO NA ALSTHOM

"Na verdade, retornei com a idéia de trabalhar no Cenpes, centro de pesquisas da Petrobras, no Rio de Janeiro. Mas tive propostas de trabalho e acabei indo para uma das companhias que havia visitado na França: a CGEE Alsthom. Uma razão determinante para a minha decisão foi o fato de a companhia ter na época um plano para desenvolver automações em usinas hidrelétricas. Era a oportunidade para unir a eletricidade que aprendi na faculdade com a automação, tema do meu doutorado, dois ingredientes com os quais havia vivido nos oito anos anteriores."

PIONEIRISMO

"Fui uma das primeiras pessoas a fazer isso no Brasil. Era uma atividade que poucas empresas tinham, aplicando computadores aos processos industriais. Cheguei quando o Brasil começava a montar sua fatídica Lei de Informática, que acabou atrasando o desenvolvimento brasileiro. Foi uma experiência nova para mim. De um lado, montei uma equipe para trabalhar com automação. Iniciei do zero, sozinho. Comecei a contratar gente. Fui buscar na Cobra, na Marinha. Depois de um ano, tínhamos 30 e tantas pessoas contratadas uma por uma, entrevistadas uma por uma..."

HIDRELÉTRICAS

"A CGEE Alsthom automatizou algumas das principias usinas hidrelétricas do Brasil, como Tucuruí, Capivara, Água Vermelha, Taquaruçu, Rosana, Três Irmãos e Porto Primavera. Em resumo, as principais usinas hidrelétricas do estado de São Paulo. Conquistamos Cachoeira Dourada, da Companhia Elétrica de Goiás (CEG) e as usinas de Segredo e Foz do Iguaçu, da Companhia Elétrica do Paraná (Copel). Pegamos também grandes centros de supervisão e controle das redes elétricas do Estado de São Paulo (Cesp) e, posteriormente, do Estado do Rio de Janeiro (Light). Tínhamos uma boa posição na automação do setor elétrico, no qual "nadávamos de braçada". Sentia-me realmente um dos pais disso! A Lei da Informática e a reserva de mercado protegeram quem tinha equipes de software e integração no Brasil, e esta competência nós desenvolvemos. Tínhamos, portanto, uma chance de ouro. Quando a lei veio forte e proibiu empresas estrangeiras de trabalhar nessa área, a CGEE destacou toda a minha equipe, que passou para uma empresa brasileira de automação."

EMPRESA BRASILEIRA

"Do dia para a noite, este grupo foi integrado à CBB, que na realidade era o nome de uma empresa que a Cegelec Alsthom havia comprado, chamada Control Bayle do Brasil. Era um desafio. Assumi a diretoria de uma companhia pequena, mas com grandes planos de crescimento no Brasil. Foi um MBA *na marra*. Essa empresa foi utilizada para as atividades de automação, instrumentação, computação, eletrônica aplicada, software e instrumentação industrial, desenvolvendo a tecnologia nacional. Conseguimos isso com imenso orgulho, inclusive expandindo o mercado para além do setor elétrico, entrando nos setores industriais e de automação predial."

MUDAR É PRECISO

"Em 1993, fui chamado para ser diretor superintendente do grupo Cegelec no Brasil, novo nome da CGEE Alsthom. O grupo Cegelec era formado por três empresas no Brasil: a própria CBB, a Cegelec Engenharia e uma empresa de Minas Gerais, que se chamava Orteng, fabricante de equipamentos elétricos. Era o braço industrial do grupo no Brasil, com sócios brasileiros, que depois assumiram a empresa. Em 1994, passei à presidência da Cegelec, na qual permaneci até o momento em que a companhia foi dividida entre uma pequena parte para Alcatel e a outra para a Alsthom. Então, tornei-me diretor-superintendente da Alsthom T&D, responsável pela parte de transmissão, distribuição e indústria do grupo, onde fiquei por pouco mais de um ano."

PRIVATIZAÇÕES

"Este foi outro período muito interessante. Tivemos a chance de acompanhar a privatização na siderurgia, que nos deu muita experiência para outra etapa fundamental: a privatização do setor elétrico. Esta *expertise* na siderurgia e a relação com grandes grupos europeus nos ajudaram a consolidar uma posição de destaque na área de energia. Achei de uma riqueza incrível este período. Teve a dureza de sair do mundo estatal, com algumas características muito particulares, como os contratos de longa duração, para um universo de decisões muito mais ágeis. A privatização possibilita a negociação direta com os donos, o acionista, para discutir estratégias, algo que não existe nas estatais."

CHEGADA À ALCATEL

"No fim de 1999, fui convidado para ocupar a presidência da Alcatel no Brasil. Assumi mais este desafio com muita alegria. As telecomunicações estavam num *boom* extraordinário, gigantesco. Além disso, a mudança veio consolidar a evolução da minha trajetória, dentro do mesmo grupo econômico em que sempre trabalhei. A CBB era uma empresa de US$ 5 milhões; fui para a Cegelec, de US$ 100 milhões; a Alsthom era uma empresa de US$ 200 milhões. Cheguei no topo de um grande grupo econômico, indo para uma empresa que deveria faturar mais de US$ 500 milhões. Como carreira, era uma realização num momento maravilhoso."

NOVA CULTURA

"Na Alcatel, o maior desafio foi mudar a cultura da empresa, que estava deixando de ser uma fornecedora de equipamentos para ser uma fornecedora de serviços e soluções integradas. Ou seja: a missão era abandonar o passado de vendedora de produto fechado para se tornar uma companhia que gerenciasse sua vida. Era uma empresa que estava endividada e não podia mais depender de banco para viver. Se não tivesse a matriz alimentando-a vez por outra, morria. Tinha que mudar essa situação. Também orientamos as pessoas sobre o lucro. Eles ficam contentes quando sabem que a empresa está dando lucro. Esta mudança de cultura foi o grande resultado do trabalho que vai fazer agora quatro anos. Hoje, a companhia não tem mais dívida, dispõe de recursos em caixa e está dando resultados positivos."

COMO MUDAR O CONCEITO

"Um dos critérios que estabeleci foi separar os bons dos menos bons. Este é um trabalho sempre muito relativo, porque todas as pessoas têm qualidades. É uma questão de ver quem se adapta ou não à sua forma de visualizar a mudança planejada. Em segundo lugar, é necessário definir, dentro daqueles que são bons, os que se adaptarão à mudança. Também é fundamental rever a forma de trabalhar, com o objetivo de homogeneizar o trabalho das várias áreas da empresa. Outro ponto determinante é conscientizar a todos de que é preciso olhar o cliente. A gente pode fazer a melhor coisa possível, mas, se o cliente não comprar, acabou seu trabalho. Minha intenção foi criar uma idéia de que antes de mais nada tínhamos um cliente a satisfazer. E voltar o ciclo: dar resultado internamente, investir em mudança cultural. Antigamente, a empresa fazia pesquisa, resolvia o produto e vendia. Isso acabou. Se uma companhia não conseguir mostrar que existe um mercado para o cliente, trabalhar com ele aquele negócio, desenvolver as soluções, fica difícil. Outra preocupação é valorizar os funcionários, incentivá-los com salários, concessões."

PADRONIZAÇÃO

"Um trabalho que não pára nunca é a montagem do processo. O mesmo sistema tem de valer para todo mundo. Este foi outro grande desafio na Alcatel. Tínhamos duas, três, quatro formas de trabalho, dependendo se a origem tecnológica era a Itália, a Bélgica, a França, o Canadá, os Estados Unidos ou a Espanha."

RESULTADOS

"Esta reestruturação tem rendido grandes frutos. Hoje, a Alcatel é a primeira fornecedora de tecnologia para as operadoras fixas. Também está se posicionando entre as três maiores dentro da telefonia celular. Neste ano, vamos avançar ainda mais no segmento móvel, principalmente na tecnologia GSM, que está crescendo, e em toda a área de serviços. Estamos ampliando também nossa presença na parte de operação e manutenção, junto ao cliente, em soluções novas, com a telefonia fixa ou a celular. A cada dia há uma aplicação nova. É uma riqueza de soluções! Esse é um mercado que está crescendo, buscando soluções integradas para o cliente. Não somos fornecedores de equipamentos, não vendemos telefones fixos. Meu mundo é vender tecnologia e soluções *top line* para clientes corporativos, com redes integradas de voz e dados. Esse é o nosso mercado. Acho que nossa posição é de grande liderança."

O SETOR DE TELEFONIA

"Acho que estamos num processo de consolidação que ainda não terminou. Ou seja, reduzir o número de atores, olhando separadamente o que é telefonia fixa e celular, que vai convergir nos próximos três anos. Vai haver uma fortíssima convergência societária na telefonia celular. Acho que será cada vez mais difícil separar operador fixo de celular. Haverá acordos de alto nível com a integração dos dois setores."

JULIO CARDOSO
EX-PRESIDENTE DA SEARA ALIMENTOS

"ESTAR NA FÁBRICA FAZ A DIFERENÇA"

Não é por acaso que o hobby do executivo Julio Cardoso, 56 anos, é navegar. "Às vezes, o mar está meio agitado, é um ciclone depois do outro", comenta. Afinal, na trajetória deste executivo formado em Direito pela USP e em Marketing pela ESPM, e que presidiu a Seara Alimentos, constam travessias (sempre bem-sucedidas) de mares turbulentos – mercados extremamente competitivos, no Brasil e lá fora. E onde proximidade e comunicação com o capital humano sempre foi a regra.

"Se você fica numa posição de estado-maior, de cúpula, muito afastado, é mais difícil. A não ser que tenha uma capacidade de comunicação fantástica...", ensina Cardoso, que trabalhou 23 anos na Kibon, onde chegou também a diretor-presidente e assumiu desafios como chefiar uma força de vendas de 700 pessoas para atender diariamente a 60 mil clientes. Julio Cardoso também presidiu a Associação Brasileira dos Produtores e Exportadores de Frangos (Abef) entre abril de 2003 e abril de 2005 – período em que o Brasil se tornou o maior exportador mundial.

O "BICO"

"Comecei a trabalhar quando entrei para um curso de Direito na USP, em 1968. Fui fazer pesquisa de mercado, meio num 'bico'. Foi dando certo, acabei recebendo uma proposta da agência J.W.Thompson e comecei a me interessar pela coisa. Em 1969 consegui uma bolsa e fui para os Estados Unidos, fazer um curso de verão em Harvard. Foi um período curto, mas voltei de lá com a cabeça totalmente diferente. Conheci muita gente, voltei animado a trabalhar em marketing. Fui fazer a Escola Superior de Propaganda e Marketing. Quando terminei a ESPM, acabei Direito também. Mas no meio do curso já estava caminhando para o lado que foi minha carreira. Comecei na J.W. Thompson e em seguida fui para a Kibon."

APOSTANDO NO MARKETING

"Em 1970 apareceu uma oportunidade de trabalhar na Kibon, na área de pesquisa de mercado. Entrei como *trainee*, assistente, e fiz toda a carreira lá, uma carreira de multinacional. A Kibon, na época subsidiária da General Foods *(depois, em 1985, foi adquirida pela Philip Morris)*, era uma empresa bem estruturada. Comecei como assistente de pesquisa de mercado, fui para a área de marketing e desenvolvimento de produtos. Comecei lá também como assistente, e depois fui promovido a gerente de produtos e a gerente de marketing. Mais ou menos por volta de 1985 era diretor da área. Foi uma experiência de pensamento estratégico, de conhecer, entender e formular estratégia, pensando no consumidor, no usuário final. A coisa mais importante era a capacidade de inovação. Todo verão, renovávamos 30% da linha. Às vezes não eram produtos novos, mas recombinações ou combinações, conceitos novos. Então, dava vida."

A MUDANÇA

"Depois de dois, três anos como diretor de marketing, eu achava que sabia tudo, tinha uma grande experiência. Aí surgiu a oportunidade de assumir a área de vendas e distribuição. Normalmente, dentro das empresas ela não tem o mesmo *status* da área de marketing, é considerada uma área mais operacional. É muito comum isso. Fiquei muito em dúvida, mas realmente esse era o caminho para poder seguir minha carreira. Achava que sabia tudo até a hora em que assumi a nova área e tive que liderar 700 pessoas, negociar com distribuidores, fazer funcionar toda a máquina de distribuição e logística da empresa, reformular a estratégia de distribuição e por aí vai. Essa foi uma experiência muito boa, muito forte, o meu maior aprendizado."

A PRÁTICA

"Diria que, se aprendi alguma coisa na parte operacional, foi sair do mundo teórico, da estratégia, do pensamento estratégico, e cair na prática. Aí você tem que fazer acontecer. Não adiantava fazer formulação de grandes idéias, se elas não acontecessem de uma maneira adequada. O que fez uma grande diferença? Foi o fato de ter, de repente, que liderar uma organização com 700 pessoas, falar com todo mundo, fazer a coisa acontecer todo dia. Era um ciclo muito rápido, pedidos entregues em 24 horas, ciclos de venda em alguns casos diários, três vezes por semana. As coisas aconteciam muito rapidamente. Você tinha que trabalhar em um ritmo alucinante."

OS MARINES

"A Kibon tinha naquela época 60 mil clientes, que ela atendia direta ou indiretamente, por intermédio dos distribuidores. Oitenta mil *freezers* na rua. Nós usávamos uma frase: 'Olha, a fidelidade à marca a gente mede em mais ou menos 50 metros, porque ninguém anda mais do que isto para tomar um picolé da Kibon ou do concorrente'. Ou seja, precisávamos cobrir todas as áreas importantes com um freezer: porta de padaria, *shopping*, onde fosse. Isto dava um trabalho muito grande. Tínhamos várias equipes. Uma era chamada de *marines* (os fuzileiros navais dos EUA). Eles iam à frente vendo onde abria uma padaria, onde o concorrente pegava um bom ponto etc. Eles iam lá para tentar ocupar o espaço. Logo atrás ia a infantaria, a turma que vinha para colocar nosso *freezer*... Então era comandar mesmo, liderar um grupo muito grande. Tinha que ter muita agilidade, motivação, controle de qualidade, sistemas de controle dos serviços etc."

O CEO

"No fim de 1989, assumi a presidência da companhia e cumpri meu 'mandato', digamos assim, até o fim de 1993. Tinha umas opções para ir para fora, mas não era o meu objetivo. A Kibon, onde passei 23 anos, foi minha grande experiência, minha escola tanto do lado da visão de negócios, da criatividade, e por administrar uma logística muito bem estruturada. Em janeiro de 1994, vim trabalhar na Bunge e me deparei com um mundo completamente diferente, uma outra experiência. Comecei na área química, como presidente da Tintas Coral. Depois um outro desafio, fiquei responsável por toda a área de tintas do Mercosul: Brasil, Argentina e Uruguai, e um pedacinho da Itália. Me deu uma experiência regional, internacional."

NOVOS CICLOS

"Foi um grande desafio. Era um tipo de negócio diferente. O ciclo é outro, também. O sorvete é um produto que você está tomando todo dia, o ciclo tem uma velocidade enorme. Mas você pinta a sua casa a cada três, quatro anos. Então, é um ciclo muito mais longo, em que a importância e o peso do revendedor são muito grandes. Outra figura que tem uma influência enorme é o pintor, não só a pessoa que compra. Enfim, é uma outra complexidade. Havia uma regionalização muito grande, a força da marca bem menor, com uma força do revendedor muito maior. Isto me fez ter outro tipo de experiência. Depois, a missão de juntar as três empresas, a empresa brasileira, uma uruguaia e uma argentina. Foi uma experiência de vida fantástica. E não foi fácil fazer esses três jogarem juntos... Já imaginou? Era como montar a seleção de futebol do Mercosul, com um técnico brasileiro..."

A REESTRUTURAÇÃO

"Em seguida, a Bunge estava num processo de reestruturação de toda a área química. Ela resolveu se concentrar em alimentos, e apareceu uma empresa interessada, chamada ICI, uma empresa inglesa. Essa empresa comprou a Coral, comprou as empresas da Bunge. Fiquei com eles mais dois anos, como responsável. Eu era CEO para o Mercosul da ICI. Foi uma outra grande experiência. Como já vinha de uma empresa multinacional, conseguia enxergar um pouco os dois lados. A Bunge Paints (Coral) era uma empresa mais local (brasileira e argentina), uma cultura bem diferente da dos ingleses. Isso, obviamente, fez com que tivesse uma experiência que foi um grande desafio. Você fazer um processo de adaptação cultural mesmo, mudanças, na forma de agir, pensar e priorizar, enfim, um monte de coisas que tiveram que ser adaptadas."

A VOLTA

"Fiquei dois anos à frente do negócio, e aí a Bunge veio atrás de mim de novo. 'Você não quer voltar? Precisamos de você na área de alimentos, estamos comprando a Ceval'. Voltei para a Bunge em 1997. Desse período para cá, fiquei responsável pela área de consumo da Bunge no Brasil, na antiga Santista Alimentos. A idéia era juntar tudo, ficar tudo dentro da Bunge Alimentos. Foi uma experiência muito interessante. A Seara, no início, era uma divisão de carnes, desde que foi adquirida pela Ceval, nos anos 80. Obviamente, não estava conseguindo aproveitar todo o seu potencial. Foi feita uma cisão, a Seara se transformou numa empresa independente e eu fui comandar o negócio. A princípio acumulando com a presidência da Santista, mas a partir de 2002 com dedicação exclusiva."

A ESTRATÉGIA

"Aí, veio uma outra grande discussão: O que vamos fazer? Qual o caminho dessa empresa? Dentro da Ceval, teve uma época em anos em que ela estava querendo criar um modelo tipo Sadia, com produtos de consumo, distribuição, marca, atuar no mercado doméstico, ser uma alternativa à concorrência. Naquela época, já tínhamos a Perdigão procurando fazer esse papel, a Sadia ocupando espaço. Para a Seara era difícil. Como ela ia sustentar uma estratégia dessas? Já havia um querendo disputar com o outro, vou ser o terceiro? Invertemos completamente o raciocínio e resolvemos fazer uma coisa oposta. O que tenho de diferente para oferecer? O que a Seara tem de forte? O que ela tem de bom? Muita coisa precisa ser feita, mas ela tem uma base de produção muito boa, uma experiência de exportação forte, uma estrutura lá fora bem montada."

O MERCADO EXTERNO

"Tínhamos duas divisões, a área de frango e a área de suíno, que trabalhavam de forma independente. A primeira coisa que fizemos foi juntar, transformar a empresa em uma empresa única. Integramos as duas operações com o foco em exportação, principalmente. Era o que sabíamos fazer melhor, o que estávamos preparados para fazer. E era o espaço que não estava ocupado pela Sadia ou Perdigão, até porque as regiões para as quais eles exportavam eram regiões aonde a Seara não iria. Fomos para outros mercados, principalmente Europa e Ásia. Toda a empresa ficou direcionada para o mercado externo. Tudo que se fazia, investimentos, ajustes, trabalho nas fábricas, produtos, era direcionado principalmente para fora. Nós tínhamos capacidade de apostar em produtos com carne desossada, nos cortes, nos produtos mais elaborados. Continuamos apostando também nos processados. Deu certo. Pegamos a grande explosão, o grande *boom* da exportação de carne brasileira, o frango principalmente. O sucesso foi tão grande que dois dos principais executivos da Seara, que trabalharam comigo naquela época, foram promovidos para os dois principais postos executivos da Bunge Alimentos: o Sérgio Waldrich (CEO) e o Sérgio Sabino (CFO). A Seara, além de exportar carnes, também teve sucesso em exportar talentos."

OS NÚMEROS

"Olhando o perfil da Seara em 1997 e hoje, fica evidente que ela foi uma das empresas que mais se beneficiou desse crescimento. Sete anos atrás, 45% de nosso faturamento vinham da exportação. Hoje, são 75%. Em reais, o faturamento neste período mais que triplicou. A Seara faturava R$ 600 milhões e este ano passou dos R$ 2 bilhões. E continua. Está crescendo uma barbaridade. A história da Seara é esta. Teve uma evolução fantástica porque apostou numa estratégia correta, perfeita para crescer onde havia possibilidade de crescimento."

O CAPITAL HUMANO

"Você tem que gostar de lidar com pessoas, estabelecer uma relação de confiança, os canais de comunicação. Não pode ter preconceitos. Por sorte minha, em toda a minha vida evitei, sempre que possível, ficar isolado. Sempre quis estar junto, na fábrica, no escritório de vendas etc. Recomendo fortemente que a distância entre quem está na operação, mesmo de quem está atuando mais estrategicamente, seja a mínima possível. Se você fisicamente está dentro da fábrica, de uma área operacional, dá alguns passos e sente o clima. Sente o que está acontecendo, fica sabendo logo. Isso é fundamental. Quando fui para as Tintas Coral, por exemplo, era para ficar no Centro Empresarial, mas me mudei para Santo André. Passava três horas no trânsito... Mas por quê? Estando lá você não fica encastelado, sai, vai ao chão da fábrica, conversa com a turma, vê o que está acontecendo. Isso faz uma grande diferença. Tem a hora do almoço... Outra coisa é sair para visitar cliente. Fica ligado, vai lá... Cada vez que você sai em campo para visitar cliente, aprende horrores, vê o que está acontecendo realmente. Na Seara, agora, infelizmente, estou um pouco mais afastado, pois as operações são espalhadas e a sede é em Itajaí, mas procuro manter a comunicação intensa e o envolvimento direto com as pessoas, sempre que possível."

O TRABALHO NA ABEF

"Na época da Coral participei da Abrafati, Associação Brasileira dos Fabricantes de Tintas. Era diretor. Depois, na época da Santista, participava da Associação dos Produtores de Margarina e outros. Deu para ganhar alguma experiência... Na Abef é um outro nível, outro perfil de discussão. Você bota numa mesma mesa, participando de uma mesma associação, empresas que são concorrentes, que disputam o mercado de maneira acirrada. A primeira coisa que você precisa ter em mente é que, se as empresas são concorrentes, as pessoas não precisam se odiar por causa disso. E as associações de classe de setores industriais têm um papel importante a desenvolver, especialmente no nosso caso. Temos que organizar a indústria de exportação para atuar em mercados que exigem um mínimo de coordenação. Além disso, temos toda uma imagem de produto brasileiro a ser trabalhada, todo um interesse comum, importante na área de sanidade. Diria que a Abef tem uma agenda muito grande e um papel fundamental para o desenvolvimento da nossa indústria de carnes de frango."

LUIZ ANTONIO VIANA
DIRETOR-PRESIDENTE DA SUSSEX INTERNATIONAL E
EX-PRESIDENTE DA PETROBRAS DISTRIBUIDORA (BR)

"NO VAREJO NÃO DÁ PARA FAZER BOBAGEM"

A trajetória do executivo Luiz Antonio Viana é um daqueles casos em que o diploma de graduação parece que foi tirado apenas para ficar pendurado na parede. Formado em engenharia mecânica, lidou com contabilidade, finanças e projetos industriais no antigo BNDE, nos anos 1970, cuidou de vendas no setor de informática, trabalhou na área financeira aqui e lá fora, mexeu com RH e desenvolvimento de negócios na área química. "Se meu carro quebrar, estou perdido", confessa, modesto.

Mas há quase 10 anos Viana entrou para um lugar que, como ele mesmo compara, é o mesmo que dirigir um Fórmula Um em uma curva mortal: o varejo. "Você errou, se arrebentou", diz ele. Que, aliás, se revelou um excelente piloto. Como principal executivo do grupo Pão de Açúcar, este carioca tirou a rede de supermercados da crise e a transformou na quarta empresa brasileira a ter ações negociadas na Bolsa de Nova York. Foi no varejo que o engenheiro apenas por formação – "só tenho mesmo a carteirinha do CREA" – começou a tomar o gosto pelas campanhas publicitárias. "Sou um mezzomarqueteiro", admite Viana, que em 1999 mudou de empresa, mas não deixou o varejo: foi presidir a Petrobras Distribuidora (BR), líder do mercado varejista de combustíveis.

CULTURA

"Primeiro, fui estagiário do BNDE, enquanto estudava engenharia mecânica. Eram centenas de candidatos e uma vaga, mas eu consegui entrar. Sabe por quê? Porque a prova do BNDE não era uma prova de engenharia, e sim de cultura geral. Incluía português, história etc. E meus colegas engenheiros se viram diante de questões nas quais de repente se perguntava o que era direito consuetudinário. Ninguém tinha a menor idéia... Depois que entrei no banco, encontrei uma pessoa que foi minha mentora intelectual. Ensinou-me análise de projeto, análise de balanço, finanças. Chamava-se Sérgio Villela, um contador. Era uma pessoa irascível, mas gostava de mim. Foi uma passagem importantíssima, que me proporcionou uma base sólida. Essa formação de contabilidade, finanças, análise de projeto me ajudaria bastante em todas as minhas atividades futuras."

O PIQUE DAS VENDAS

"Depois fui para a IBM, onde tive uma experiência rica. Primeiro, aprendendo a programar, o que não era simples, naquele tempo. A seguir, fui para a área de vendas, que é uma experiência importantíssima na carreira profissional de todo mundo. Porque vender é difícil. Na IBM eu vendia computadores e serviços. Na época existiam duas companhias de crédito imobiliário, Residência e Letra. A IBM processava os dados das duas. Um dia, o birô mandou as listagens da Letra para a Residência e vice-versa. Eu era o representante que atendia às empresas. Tive que me virar para resolver o problema. Na área de vendas, é importante não só vender, mas também manter o cliente."

DECISÃO

"Minha primeira experiência marcante como executivo aconteceu na primeira vez em que tive de mandar alguém embora. Estava no Banco Denasa, e um rapaz, que tinha uma função muito específica, ficou doente. Chamei o meu *office-boy*, que estava estudando para exercer as funções, e o promovi ao cargo. E o *boy* começou a fazer o serviço muito melhor do que o titular. O outro voltou, e eu não tinha vaga para os dois. Ou rebaixava o ex-*office-boy* ou demitia o titular. Foi a primeira decisão superdifícil da minha carreira. Mandei o outro embora e mantive o ex-*boy*, que, se voltasse às antigas funções, teria um desestímulo para a vida muito grande, para o resto da vida. Foi uma coisa dramática. Fiquei umas duas noites sem dormir. Imagina, aos 24 anos de idade mandar um pai de família embora. Uma decisão que envolvia coisas do coração e da razão. O resultado foi que o *office-boy* se saiu muito bem, se desenvolveu e virou diretor de um outro banco."

REVIRAVOLTAS

"No Denasa comecei em uma área de controle, que fazia cobrança dos grandes clientes, e depois passei a superintendente-geral de operações. Eu captava dinheiro no exterior. Sou do tempo em que os bancos lá fora faziam fila para emprestar dinheiro ao Brasil... Eu era muito novo, e captava 50 milhões, 100 milhões de dólares para emprestar a clientes do banco. Em algum momento eu saí da postura passiva, de ficar recebendo os bancos, e fui visitá-los, para mostrar como funcionávamos etc. E poucos meses depois a situação virou, porque veio a crise do petróleo. Mas, devido à minha mudança de procedimento, eu estava bem posicionado para enfrentar a nova conjuntura."

GENTE

"No BNDE, em 1976, quando eu assumi o Departamento de Indústrias Químicas, o banco criou a Resolução 452, que, para os contratos assinados naquele ano, limitava a correção monetária a 20%. De repente, eu tinha um departamento de tamanho 'x', que processava dois contratos por mês, mas onde baixaram 250 operações de petroquímica, cimento, fertilizantes, papel e celulose, todo mundo querendo contratar no mesmo ano. E como eu ia dar conta de analisar e contratar essas operações? Não tinha pessoal. Montei uma equipe com base em estagiários. E com esses jovens nós conseguimos fechar todas as operações que tinham mérito para ser contratadas naquele ano. Assinamos os contratos em 30 de dezembro. Eu tinha 28 anos. Os chefes de departamento do BNDE era todos cobras criadas, profissionais. No meu departamento, os gerentes eram muito jovens. Tinha o José Pio Borges, que depois presidiu o banco; o Armando Mariante, que hoje é presidente do Inmetro. E entre esses estagiários ilustres tinha o Luiz Orenstein, que foi diretor; e o Eduardo Rath Fingerl, que também foi diretor. Foi um time que depois floresceu. O Departamento de Indústrias Químicas tinha o maior orçamento do banco, disparado, cerca de 50%. Foi quando se construiu a Copene, a indústria de cimento, a Aracruz. A aposta de trabalhar com gente competente, mas inexperiente, representa um trabalho de supervisão muito grande. Mas deu tudo certo, está tudo aí. Todos os projetos que foram financiados se pagaram, foram bem-sucedidos."

ARTICULAÇÃO

"Trabalhei também na IFC (International Finance Corporation, do Banco Mundial). Eu ficava em Washington, atendendo Argentina e Chile. Montei a primeira privatização da Argentina, em uma operação que incluía financiamento aos empregados para que eles comprassem ações da empresa, uma indústria petroquímica. Foi em 1985, 1986. Analisava projetos enormes, o mundo era o limite. Quando fui ao *board* do Banco Mundial, explicar a operação na Argentina, com 250 apresentações, a única pergunta, de um diretor, foi sobre o meio ambiente, porque eu não estava apontando os reflexos. Eu argumentei que era uma operação financeira, e que, portanto, não cabia a mim uma exposição ecológica. O diretor entendeu, mas não admitiu. Enfim, a burocracia era uma coisa muito massacrante. O trabalho, contudo, era fantástico, uma experiência riquíssima. Você podia conectar todas as pontas: fornecedores, compradores, fabricantes de equipamento, bancos etc., para fazer projetos de bilhões de dólares."

CRIATIVIDADE

"Fiz muitos cursos, mas o aprendizado é mesmo na vida. No Grupo Ultra, trabalhei com desenvolvimento de negócios, uma atividade interessantíssima. Recursos Humanos, planejamento. O RH, por exemplo, é mesmo uma área fundamental. Nos Estados Unidos, o *trend* é este. Nenhum CEO de companhia chega ao cargo sem passar pela área de Recursos Humanos. No Ultra, aliás, vivi um momento singular pré e durante o Plano Collor. Foi uma experiência e tanto, lidar com uma situação daquelas. Cruzados *versus* cruzeiros, tablita, tabelamento, tudo confiscado... Quem tinha a moeda antiga, e tinha dívidas, dizia que ia pagar em cruzados. Forçou o exercício da criatividade."

LIDERANÇA

"Entrei para o Pão de Açúcar cuidando basicamente da área de administração. E entrei fazendo uma dramática redução de custo. Dos 11 diretores, foram trocados todos. Mas o segundo nível nessa administração tinha pessoas excepcionais, e que continuam lá até hoje. Gente antiga, e que, com um pequeno processo de liderança, promoveu uma forte redução nos custos. Isto foi em 1991. Chamei essas pessoas, e disse que queria uma redução de 50% nos custos corporativos. E que havia duas maneiras, a burra e a inteligente. E disse: 'A burra faço eu, e a inteligente fica com vocês'. Na maneira burra, eu dizimava, com cortes lineares de pessoal. Mas a inteligente, eles analisaram e fizeram. A equipe era maravilhosa, e continua lá até hoje. Antonio Moscarelli, diretor-tesoureiro; Guido Amadeu, diretor de Controladoria; Jair Fernandes, diretor de Informática; e

Ângelo Rubio Filho, diretor de Prevenção de Perdas. Você não precisa fazer uma devastação para mudar uma companhia. Tem é de entender que as pessoas estão precisando de liderança. E lá nós fizemos o diabo. Fechamos lojas, iniciamos um processo de franquias. Aliviamos o peso. Criamos o *ombudsman*. E informatizamos as lojas numa época em que ninguém estava fazendo isto."

MARKETING

"Mudamos a cara do marketing do Pão de Açúcar. Inclusive, fizemos a campanha do caro concorrente, que ganhou um prêmio e foi copiada recentemente. Campanhas como 'É aniversário do caro concorrente e o Pão de Açúcar dá desconto de presente'. Eu recebi todo o meu treinamento em marketing no varejo. Aliás, no varejo é fácil de entrar e difícil de sair, porque é muito gostoso. É muito rápido. É como dirigir uma Ferrari na curva Tamburello (*trecho do Autódromo de Ímola, na Itália, onde morreu Ayrton Senna*). Você errou, se arrebentou. No varejo, os volumes são muito grandes e as margens, muito pequenas. Então, não dá para fazer bobagem. Abrimos o capital no exterior. O Pão de Açúcar foi a quarta empresa brasileira a ter ações negociadas na Bolsa de Nova York, em 1997. Isto para uma empresa que, poucos anos antes, enfrentava uma grave crise. Para entrar na Bolsa de Nova York, fizemos dois *road-shows*. É uma experiência exaustiva. Em um deles fizemos 95 apresentações. No outro, 80 e tantas. Depois veio uma grande quantidade de aquisições de lojas. Enfim, teve de tudo: reestruturação financeira, reestruturação operacional, modernização, abertura de capital, compra, venda... A parte de logística, que nós colocamos no estado-da-arte."

TERCEIRIZANDO ERRADO

"Acho que um equívoco grande é contratar uma consultoria errada. No Pão de Açúcar, trabalhamos com uma consultoria para reduzir custos que depois, quando percebemos, estava era aumentando os custos... Então, um aprendizado foi tomar cuidado com consultorias mal contratadas e, sobretudo, mal acompanhadas, com confiança depositada em excesso."

VOLTANDO NO TEMPO

"Gostaria de ser uma pessoa mais paciente. E imagino como teria sido melhor se, em vez de perder cinco anos estudando engenharia, eu tivesse estudado economia, por exemplo. Acho que eu teria uma formação muito mais adequada ao que fiz na vida. Mas não dava para imaginar. Na vida não existe engenharia de obra feita."

MAURÍCIO BÄHR
COUNTRY MANAGER DA SUEZ ENERGY INTERNATIONAL
E CHAIRMAN DA TRACTEBEL ENERGIA S.A.

"É PRECISO ACREDITAR NO LONGO PRAZO"

No dia-a-dia do engenheiro carioca Maurício Bähr, a palavra crise vem associada diretamente a algo pontual, passageiro, que não deve servir de pretexto para deixar negócios em banho-maria. Principal executivo brasileiro da Tractebel, gigante belga da área de energia, controlada pelo Grupo Suez (líder mundial no segmento de infra-estrutura, presente em mais de 120 países), ele prefere consultar o calendário do futuro. "Acabamos de tomar a decisão de investimento para uma hidrelétrica que vai começar a gerar energia só em 2007, ou seja, para o presidente seguinte", reforça o executivo, que, com a mulher e dois filhos, compõe uma família botafoguense apaixonada. Bähr passou 15 anos no mercado financeiro. Trabalhava no financiamento de grandes projetos, mas sempre quis atuar em um desde a concepção até a conclusão. Sonho que se tornou realidade em 2002, já como CEO da Tractebel Brasil, na inauguração da usina de Cana Brava, em Goiás. "Era meu objetivo de vida", revela.

O APRENDIZADO

"Fiz o último ano do antigo científico em uma escola de Minnesota, Estados Unidos. Viver em um ambiente totalmente diferente, aos 17 anos de idade, estimulou a capacidade de comunicação, o entendimento de culturas diversas, aprendendo a lidar com situações adversas. Uma experiência que me ajudou muito na carreira profissional. Quando voltei ao Brasil, ainda não estava certo sobre o que iria seguir. Na hora de escolher a carreira, na minha época, fim dos anos 1970, as opções não eram muitas. Estudava-se medicina, engenharia ou direito. Eu caminhei pela engenharia, mas quando me formei, em 1982, em engenharia mecânica, o Brasil não estava em uma boa situação de desenvolvimento e terminei indo trabalhar em uma instituição financeira, mais precisamente no Banco Nacional. Na época, aliás, o mercado financeiro se inundou de engenheiros."

DESPERTANDO INTERESSES

"Meu trabalho era aperfeiçoar e melhorar a capacidade e a qualidade que o banco tinha de financiar projetos, basicamente de irrigação. Fizemos um grande programa de repasse de recursos de crédito rural incentivando esses projetos de irrigação. Era uma época de recessão, de inflação alta, mas ainda se encontravam empresários corajosos e dispostos, que faziam grandes investimentos. Isto me deu gosto pela área financeira, me incentivando a entender como esses projetos se viabilizavam. Fiz um curso de engenharia econômica, que me levou a outros interesses, como análise de sistemas. E também cursei um MBA, pela Coppead/UFRJ além de um curso de Finanças Corporativas em Berkeley, na Califórnia."

O APRIMORAMENTO

"Depois, no banco, passei a me envolver com financiamentos de projetos mais complexos. Estruturas em que o financiamento era condicionado à capacidade de repagamento, os chamados *project finance*. Após um determinado tempo trabalhando na área financeira, você é apenas uma ferramenta para ajudar esses projetos a se viabilizarem. E eu me interessei por entrar na área de realização, em efetivamente participar e realizar. Pegar um projeto no início e levá-lo à fase de operação. Foi quando o setor de energia se abriu mais ao capital privado. Na verdade, com a incapacidade do Estado de continuar financiando, na época, 1992/93, tínhamos grandes projetos que não contavam com recursos. Alguns até saíam da gaveta e começavam as obras, mas empresas acabavam paralisando tudo. Naquele tempo, pelo menos duas ou três hidrelétricas estavam paradas há alguns anos. Foi quando, no Nacional, criou-se um núcleo para avaliar as oportunidades de ajudar na solução desses problemas e construir um modelo de parceria público-privado. Participamos, então, de um modelo onde essas empresas, por meio de licitação, convidavam parceiros privados para investir na conclusão das obras."

NOVOS MODELOS

"Criamos a Nacional Energética, que viabilizou a conclusão da usina de Serra da Mesa, em Goiás, inaugurada em 1997. Isto foi feito em parceria com Furnas, que convidou parceiros privados que pudessem trazer capacidade de alavancagem, ou seja, com características e *know-how* para atrair capital de bancos. Foi uma grande escola de relacionamento com uma empresa pública e um grande aprendizado, também na mudança da estrutura do negócio: renegociar contratos, viabilizar financiamentos de longo prazo, conversar com bancos de fomento e desenvolvimento, com compradores de energia etc. Foi um processo muito enriquecedor. Quando o Nacional foi absorvido pelo Unibanco, a Nacional Energética foi vendida, em um leilão promovido pelo Banco Central, para a VBC, o consórcio formado por Votorantim, Bradesco e Camargo Corrêa. Trabalhei na VBC por mais seis meses, até a conclusão do pacote financeiro, do empréstimo final, quando fui convidado a liderar o desenvolvimento dos negócios da Tractebel no Brasil e posteriormente também a exercer, ao mesmo tempo, a função de diretor-delegado no Brasil do Grupo Suez, seu controlador."

NOVA FASE

"A Tractebel era uma empresa que estava olhando para oportunidades de investimento no Brasil. Já tinha, inclusive, firmado um acordo com a Nacional Energética para analisar projetos em conjunto. Eu era a pessoa de ligação entre as duas. Foi um casamento interessante. A Tractebel é uma empresa que tem sede na Bélgica, um grupo que começava a se internacionalizar e com uma cultura muito interessante: ter sempre, nos países onde ela atuava, executivos nativos. Ou seja: uma empresa multilocal. No início, em 1997, eram apenas duas pessoas buscando oportunidades de projetos no Brasil. Participamos de todos os processos de leilões, licitações, e um ano depois conseguimos obter a concessão para a usina hidrelétrica de Cana Brava, em Goiás."

A REVOLUÇÃO DO NEGÓCIO

"Tivemos de começar do zero. Diferentemente da usina de Serra da Mesa, o projeto nem sequer tinha sido iniciado. Foi uma época bastante complicada, bastante volátil. E nossas decisões foram baseadas em uma crença na viabilidade do Brasil a longo prazo. Projetos como esse são de maturação muito prolongada. As concessões, nessa área, são de 35 anos. E conseguimos construir a usina Cana Brava em 36 meses, inaugurando a hidrelétrica em maio de 2002. Foi uma vitória do ponto de vista de se colocar em pé um modelo que mudou a forma de se fazer hidrelétricas no Brasil. Até a contratação das empresas construtoras se deu de maneira diferente, chamada de EPC, com preço fechado, prazo definido para construir e responsabilidades muito bem alocadas no contrato, para que ele seja financiável. A maneira de atrair um banco para financiar um projeto a tão longo prazo, e com linhas de crédito a custos que dêem viabilidade, é ter uma maneira de controlar todos os custos."

CONCRETIZANDO O SONHO

"O grande segredo de implantação de um projeto da magnitude da usina de Cana Brava, de 400 milhões de dólares, é sempre manter os custos dentro daquilo que foi originalmente orçado e terminar a obra no prazo. Qualquer atraso significa que você começa a pagar juros sem ter ainda a receita correspondente. Demoramos quase um ano negociando esse contrato, o primeiro desse tipo para o setor elétrico no Brasil, para o qual contribuímos com toda uma cultura de alocação de riscos. Foi uma experiência tão gratificante que esse mesmo consórcio, que ergueu Cana Brava em prazo recorde, e é composto pela Odebrecht, Andrade Gutierrez, Voith e Siemens, já está contratado para fazer outra usina, a de São Salvador, também no mesmo rio, mas já no estado de Tocantins. Nesse caso, em 30 dias o contrato já estava negociado. Para as próprias construtoras e produtores de equipamento, passou a ser um negócio atrativo. Afinal, tinham a certeza de que a cada mês iam receber as faturas que emitiam, porque o projeto era todo equacionado e a construção só começava a partir do momento em que havia a garantia dos recursos para terminar a obra. Ou seja: a parcela de capital próprio e a parcela de financiamento já estavam contempladas. Isto tudo me permitiu realizar um dos objetivos de minha vida profissional, que era ver um projeto iniciado e concluído."

O APOIO EXTERNO

"O projeto de Cana Brava, junto com a nossa experiência na área financeira, gerou uma outra oportunidade. Foi a primeira vez que um órgão multilateral, o Banco Interamericano de Desenvolvimento (BID), financiou uma hidrelétrica sob a modalidade de *project finance*. Ou seja: conseguimos atrair até financiamento externo. O BID entrou com metade da parcela financiada dessa obra juntamente com o BNDES. E também com a chancela do BID vem o cumprimento de todas as políticas ambientais que um projeto desta natureza exige. Isto significa que conseguimos implementar, no Brasil, projeto com padrão internacional."

A DIFERENÇA

"O fato de ter participado bastante do lado financeiro me ajuda a entender as preocupações, a negociar com os bancos tudo aquilo que eles julgam riscos elevados. E tentamos buscar um fator de mitigação para esses riscos. Isto é uma facilidade. Por outro lado, as coisas mudam do ponto de vista de perspectiva. Os projetos, do lado de quem está fazendo e produzindo, acontecem com uma velocidade muito mais lenta. Em uma instituição financeira, a cada contrato você realiza a sua tarefa, o seu trabalho. O ciclo de realização é muito mais curto, enquanto do lado da produção, do investidor, a maturação dos projetos é muito mais longa. Então, é preciso administrar um pouco a ansiedade. No caso da usina de Cana Brava, por exemplo, começamos a estudar o negócio em 1997, ganhamos a licitação em 1998 e demos início à obra em 1999, para inaugurar a hidrelétrica em 2002. E agora começamos a gerar receita para pagar os bancos e começar a ter retorno."

O LONGO PRAZO

"A dificuldade é que a única fonte financiadora de projetos de longo prazo, no Brasil, é o BNDES. Construímos alguns modelos, pioneiros, para a viabilização de outros parceiros, como bancos comerciais, que na verdade se associam ao BNDES para emprestar esses recursos. Na verdade, precisamos é construir um mercado de longo prazo. Hoje o BNDES usa essas instituições financeiras como sócios, dando, como alternativa, a opção de a cada três anos renovar os empréstimos. É uma maneira inteligente de atrair capital de bancos comerciais, tentando construir aos poucos um modelo em que você possa ter um Itaú, um Bradesco ou um Unibanco financiando, por exemplo, um projeto de 10 anos. Acho que a estabilidade com a qual o Brasil passou a conviver, a partir de 1994, é que despertou o interesse dos investidores. O mercado de capitais vai começar a se ajustar e, com o histórico dessa estabilidade, passar a acreditar em operações de prazo mais longo. É algo que precisa ser construído."

O ESTADO

"A empresa pública está sujeita a um ambiente de operação diferente, com leis que a obrigam a atuar de uma maneira nem sempre empresarial. Uma empresa privada tem uma necessidade de contratação e, com a visão clara de como vai avaliar quem será o fornecedor, toma a decisão e pronto. A empresa estatal precisa seguir as regras da Lei 8.666, dar prazos, criar editais etc. É um controle maior, na administração do dinheiro público, mas gera ineficiência do ponto de vista de prazos, de execução. Não sei como se viabilizaria, por exemplo, a adoção de contratos como o que fizemos para a construção da hidrelétrica de Cana Brava, que contemplou prêmios para os construtores, em caso de antecipação de obras. Ou seja: o executivo de uma empresa estatal muitas vezes se vê às voltas com uma camisa-de-força, representada pelo conjunto de leis de administração dos recursos públicos, enquanto o executivo da área privada está sujeito a apresentar performance, porque do contrário está muito mais vulnerável."

O CAPITAL HUMANO

"Como nós crescemos muito por aquisição de empresas, aprendemos a entender muito bem a cultura das empresas. E a valorizar o que cada uma delas tinha de melhor. Quando se comprou, por exemplo, a Gerasul, hoje Tractebel Energia, você tinha um quadro de funcionários competentes que na verdade estavam ansiosos por restabelecer a capacidade de investimento da empresa. Então, é necessário organizar a companhia de forma que as pessoas se sintam motivadas a desempenhar o seu papel. Afinal, todos têm o desejo de ir para o trabalho, pela manhã, com alegria, e ter prazer durante o dia. Percebemos que o fato de o Estado ter, de certa forma, esgotado a capacidade de investimento havia gerado uma frustração muito grande nas pessoas. E que a retomada acaba sendo o fator motivador número um. Desde que compramos a Gerasul, em 1998, a capacidade instalada de geração cresceu de 3.700 para 6 mil megawatts. É importante que cada um dos funcionários saiba qual é a sua missão e tenha uma visão de longo prazo do que a empresa quer ser. Desde que entrou no mercado brasileiro, a Tractebel tem por objetivo ser um *player* atuante na área de geração de energia. Queremos continuar investindo, até porque o Brasil é um dos países que mais nos atraem em função da pujança, da potencialidade, e acreditamos muito neste crescimento. Hoje temos 7% da geração de energia do país, somos a maior do setor privado. O processo de reestruturação do setor elétrico sofreu um obstáculo em 2001, com o racionamento, o que nós atribuímos à não-implementação do programa de privatização. Na área de geração, por exemplo, só se privatizaram 20% da capacidade total."

O COMPROMISSO

"Minha experiência na constituição da Tractebel no Brasil é rica do ponto de vista de diferentes culturas, mas fácil de se levar a cabo quando se trabalha em uma empresa séria, com códigos de ética implementados, uma companhia sólida, com mais de 100 anos de existência. E com algo que considero crucial em seu desenvolvimento no Brasil, que é o respeito à cultura local. A maneira de chegar em um país novo respeitando os valores locais, a forma de se trabalhar, e atuando em muita sintonia com o ambiente empresarial local. A nossa base de trabalho sempre foi fazer tudo de maneira equilibrada, em cada contrato, para trazer valor agregado aos dois lados. Só assim você cria uma relação de longo prazo, de parceria. Também não tenho dúvidas de que, com a quantidade de investimentos que temos no mundo, há sempre um momento de crise pontual em algum lugar. Mas acreditamos sempre na visão de longo prazo e no potencial dos países nos quais investimos. Para se ter uma idéia, em julho decidimos levar adiante o projeto de construção de uma hidrelétrica de mais de mil megawatts, na divisa do Maranhão com Tocantins. A usina vai começar a gerar energia em 2007, ou seja, para o sucessor do próximo presidente. Também são investimentos que estão incorporados à riqueza nacional. É diferente de ter a ação de uma empresa. É uma tomada de decisão de quem realmente veio para ficar. Acreditar no longo prazo é o grande sucesso de nosso negócio aqui."

PAULO RICARDO DE OLIVEIRA
DIRETOR-SUPERINTENDENTE DA DE LA RUE CASH SYSTEMS

VENCENDO DESAFIOS E QUEBRANDO PARADIGMAS

De office-boy a presidente de multinacional com menos de 40 anos de idade. A frase resume perfeitamente o que é a trajetória do executivo Paulo Ricardo de Oliveira. Desde 2000 é diretor-superintendente da De La Rue Cash Systems Ltda., braço brasileiro do grupo britânico do mesmo nome que tem mais de 300 anos de história. "Quando cheguei ao cargo, quebrei três paradigmas de uma vez. Por ser brasileiro, vir da área financeira e ter apenas 38 anos de idade", comenta ele, o executivo mais jovem nas reuniões do board mundial da companhia, em Londres. A quebra de paradigmas foi precedida pela superação de grandes desafios na carreira, que culminou com a reestruturação da De La Rue no Brasil, e uma sólida formação como manager, na qual a determinação é inequívoca. "Sempre digo: se você tem uma posição de destaque e há uma decisão tomada pela empresa, ou você aceita ou vai embora", sentencia. Disciplina é o que não falta na vida de Oliveira. Quatro anos atrás, ele tomou a decisão de perder peso e adotou uma dieta balanceada prescrita por um nutricionista, além de freqüentar uma academia quatro vezes por semana. Perdeu 20 quilos desde então. "Aos 41 anos, atingir este resultado não é fácil", comenta. Fora do trabalho e do convívio com a família, as horas são dedicadas ao futebol ("Sou são-paulino", avisa) e às corridas de kart, onde chegou a bicampeão paulista. "Mas não precisa nem dizer que é sênior", brinca Oliveira.

O INÍCIO

"Comecei como *office-boy* aos 12 anos, em 1976, muito novo, por necessidade, para poder ajudar a família a sobreviver. Começar cedo não foi uma opção, foi uma necessidade mesmo. Aos 14 anos ingressei na área administrativa, e um ano depois já estava na área contábil. E minha opção de graduação, obviamente, foi fazer contabilidade. Também passei a cuidar da área contábil de duas lojas da empresa em que trabalhava: a Têxtil David Bodrow, TDB."

A FORMAÇÃO

"Acabei me dando muito bem nos estudos, na Faculdade do Largo de São Francisco, antiga Faculdade dos Franciscanos, por conta do estágio forçado que fiz no trabalho. Por ir muito bem na área contábil, por ter trabalhado em contabilidade, no terceiro ano ajudava o professor da matéria. Fazia monitoria, corrigia provas. O professor percebeu que eu tinha cacoete para o negócio e acabou me dando um desconto na mensalidade. O terceiro e quarto anos foram nessa direção. No fim do quarto ano, recebi um prêmio como melhor aluno de contabilidade e fui homenageado pelo sindicato dos contadores."

MUDANÇAS

"Quando ingressei na faculdade, fiz o primeiro ano trabalhando na Têxtil. Os outros três anos de faculdade foram cada ano em uma empresa, sempre em empregos melhores. No quarto ano da faculdade ingressei na Pirelli, uma empresa italiana. Foi a empresa em que tive uma ascensão muito grande, a empresa onde trabalhei até hoje mais tempo, 10 anos. Entrei na área contábil, como analista, e saí como *controller*. Tive vários desafios. O primeiro foi para entrar, porque concorri com 30 pessoas. A Pirelli é muito bem conceituada, uma empresa que tem a tradição de ser uma grande escola, uma grande família. Entrei principalmente por minha experiência contábil. Eu estava com 23 anos de idade e trabalhando na área desde os 15..."

O PRIMEIRO GRANDE DESAFIO

"Posso dizer que a cada dois anos ou um ano e meio recebi uma promoção. Talvez por isso tenha ficado tanto tempo na companhia. Quando a empresa lhe dá oportunidades, você não tem por que sair daquela empresa. O grande desafio foi em 1991/92, quando houve uma cisão da divisão de cabos da Pirelli, e acabou se formando uma nova empresa, chamada Pirelli Cabos. Essa empresa tinha estrutura própria, independente da Pirelli tradicional, e fui convidado a ser o primeiro contador dessa empresa. Foi um grande desafio: formar a área contábil, desenvolver controles internos, enfim, montar toda a área de controladoria que tinha que ser formada. Entrei com um executivo que assumiu a direção financeira, e fui convidado para ser contador. Foi uma experiência muito interessante, e acabei ficando dois anos e meio nessa função. Realmente, saímos do zero e formamos uma equipe, *controller*, e deu tudo certo."

REESTRUTURANDO

"Por conta dessa experiência me chamaram, na própria Pirelli, em 1994, para ser o *controller* de uma empresa chamada Pneauc, que tinha 45 lojas espalhadas pelo Brasil naquela época. A idéia era pegar uma pessoa com informação mais voltada para a controladoria, para fazer uma reestruturação na empresa. Esse foi meu desafio: chegar, montar um plano de reestruturação e colocar a empresa nos trilhos novamente. Preparei um plano de recuperação que resultou na mudança da forma de trabalhar; implantamos sistemas, novas maneiras de trabalhar e uma redução de pessoal. Tínhamos em cada loja pessoas administrativas que faziam trabalhos de caixa, de impostos, de uma série de coisas. Meu plano foi colocar um sistema centralizado, o que seria uma ERP dos dias de hoje. Com uma equipe de oito pessoas centralizadas, toquei o trabalho de praticamente 90 pessoas. Nesse ano, só com essa reestruturação, tivemos uma economia de US$ 2 milhões diretamente no resultado. Além de ganhar financeiramente, tivemos um ganho tremendo em qualidade da informação. A empresa era o patinho feio do grupo porque era tudo manual, era a última empresa a fechar resultado, demorava, não tinha qualidade, enfim, ninguém confiava nela. A partir daí, passamos a fechar no mesmo prazo que a Pirelli fechava, nos mesmos padrões, com a mesma qualidade. Esse foi um fato muito importante na minha carreira."

IDA E VOLTA

"Depois de um ano à frente desse plano, fui convidado para ser *controller* da New Holland Tratores, uma empresa de Curitiba, a Fiat New Agro Tratores, uma associação da Fiat com a New Holland, empresa italiana. Acabei aceitando o desafio de ir para Curitiba para seguir carreira. Mudei-me, comecei a organizar minha vida, mas sempre nos fins de semana dando uma assessoria para o pessoal, porque era um negócio complicado. Em resumo, dois meses depois, o diretor de recursos humanos da Pirelli me liga e diz: 'Não achamos ninguém para dar seqüência àquele plano maluco que deu certo, que você implementou na empresa. Precisamos que você volte. Cobrimos seu salário, cobrimos todos os benefícios que você tem. Queremos saber se você volta para São Paulo'. Acabei voltando. Sai e voltei para ser gerente financeiro. Causei um pouco de estresse na New Holland, porque tinha planos de crescimento na empresa, mas a proposta da Pirelli era interessante na época. E fiquei na Pirelli até 1996."

NOVO DESAFIO

"Foi nesse período em que recebi uma proposta da De La Rue, onde estou até hoje. Ali já não era mais *controller*, mas diretor financeiro. Era o próximo passo que planejava para minha carreira. Também concorri com várias pessoas, e acabei sendo escolhido dentro desse grupo muito grande. Lembro que o perfil da De La Rue era de uma pessoa de 35 a 45 anos. E acabei sendo, dos candidatos, o que melhor apresentava o perfil para aquela posição. O único perfil em que não me enquadrava era a idade: tinha 33 anos. Mas fui contratado. Na época era uma empresa que estava voltando para o Brasil. A De La Rue tinha ficado no Brasil dos anos 1940 ao fim dos anos 1980 na fabricação de papel-moeda, quando a Casa da Moeda passou a ter a concessão para fabricar o papel. Ela estava voltando para o Brasil com um negócio de automação bancária, o negócio que temos hoje. A proposta era pegar a empresa praticamente do zero, organizar toda a área financeira, contratar pessoas, enfim, guardadas as proporções, fazer a mesma coisa que fiz em 1991, quando fui ser contador da Pirelli. Só que num aspecto maior em termos de *business* mesmo. Lá, era uma área que tinha que desenvolver, aqui não. Tínhamos um negócio, tinha que dar suporte à área de vendas, à presidência, informações para fora..."

A APOSTA

"Saí de uma companhia que faturava US$ 500 milhões para assumir o desafio de ser o diretor financeiro de uma empresa cuja previsão, no primeiro ano, era de faturar US$ 10 milhões. Porém, era algo que procurava para a minha carreira: dar um salto de *controller* para diretor financeiro. Tinha que correr algum risco para, pelo menos, ver se era aquilo que ia dar certo na minha vida. E acabou dando certo. Mesmo sendo um diretor financeiro, eu era muito focado no negócio. Eu pedia ao então presidente da empresa que me levasse ao cliente, queria falar, conhecê-lo."

À FRENTE DO NEGÓCIO

"Em 2000 fui convidado a assumir a presidência da empresa e tive a oportunidade de aplicar todo aquele aspecto de gestão que tinha vontade. A primeira foi a forma da companhia trabalhar. Contratei profissionais qualificados, à altura da empresa. Fiz uma reestruturação muito grande. Meu antigo chefe tinha um aspecto meio de querer ser o paizão de todo mundo, de fazer com que as pessoas mantivessem o emprego. Ele tinha uma certa dó de fazer uma mudança. Eu falava para ele: 'Se você não fizer, alguém fará!' O que acabei implementando, comentei com ele: 'Não, mas vamos demitir muita gente...' Se nós não cortarmos um pedaço do câncer, o corpo inteiro morre. Ele acabou protelando isso por dois anos, os resultados da empresa não estavam bons, e acabaram fazendo essa troca. O primeiro grande passo que fizemos na empresa foi a reestruturação em termos de pessoal, em todos os setores. Acabamos fazendo uma economia de 20% da mão-de-obra. E só aí, nesses 20%, mais benefícios e uma série de coisas, tivemos uma economia de US$ 1 milhão diretamente no resultado da empresa. Mas o corte de pessoal foi uma exigência do momento. Hoje, com a melhoria do resultado, contratamos mais funcionários e a folha é 40% maior."

O NOVO FOCO

"A segunda reestruturação que fizemos foi de negócios. Passamos a dar um enfoque maior, de 2000 para cá, não a vender produtos, mas a vender soluções. O produto faz parte dessa solução. Essa foi uma coisa importante que fizemos para valorizar e ter uma rentabilidade maior. Está certo que pode demorar dois, três anos para você ter o retorno daquele investimento. Mas a partir dali é só resultado positivo. Acabei convencendo a empresa lá fora de que só vendendo *commodity* no Brasil não iríamos chegar a lugar nenhum. Então, apresentei um plano para a empresa, onde passaríamos a dar um enfoque maior à área de serviços. Eles acabaram aceitando o desafio e deu certo. Já no primeiro ano desta mudança, entre 2001 e 2002, viramos o resultado da empresa de prejuízo para lucro. O faturamento, desde 2000, aumentou quase 60%. Foi bem mais do que a empresa esperava."

A INOVAÇÃO

"Por exemplo: uma empresa de tesouraria, um banco ou uma transportadora de valores, enfim, empresas grandes, *holdings*, que têm tesouraria grande, que processam dinheiro. No passado, tentávamos vender máquinas de contar dinheiro para essas empresas. A partir dessa nova maneira de trabalhar, em vez de vender a máquina, passamos a oferecer uma solução em que tínhamos o software, a máquina, a mão-de-obra especializada e o técnico residente que dava suporte integral àquela máquina. E que a gente pudesse cobrar por hora, por dinheiro processado, por mês, enfim, o perfil com que o cliente concordasse."

O RECONHECIMENTO

"Aplicamos toda essa metodologia de trabalho, serviço, produto, técnica, software e gerenciamento, em um número muito maior do que nas empresas em que estávamos trabalhando. Foi um trabalho muito importante para nós, que acabou sendo reconhecido mundialmente. Teve uma convenção da empresa na Europa, em 2000, em que acabei ganhando um prêmio, por ter adotado essa nova maneira que a empresa busca de trabalho num cliente tão representativo. De lá para cá, a empresa tenta aplicar essa metodologia no mundo inteiro. Mas o Brasil ainda é o primeiro país em que conseguimos implementar uma metodologia dessas."

O FUTURO

"A De La Rue estabeleceu como meta de crescimento três áreas: China, América Latina e Estados Unidos. E no caso da América Latina o foco é o Brasil. Nosso país é um mercado para esse tipo de negócio ainda não muito maduro, há muito que acrescentar. Temos o desafio de introduzir uma tecnologia para eliminar a gaveta do dinheiro do caixa. Então, a idéia é que o cliente chegue, faça o depósito nessa máquina diretamente, a máquina reconhece o dinheiro, vê se não é falso e armazena. Então, nosso grande desafio é introduzir essa nova tecnologia no Brasil, fazer com que, vamos dizer assim, os bancos tenham ainda mais segurança."

RINALDO CAMPOS SOARES
PRESIDENTE DA USIMINAS

"AS EMPRESAS SÃO UM EPICENTRO DE MUDANÇAS"

Não é exagero dizer que o mineiro Rinaldo Campos Soares é o perfeito exemplo do executivo cuja carreira se confunde com a história da empresa. Para começar, a empresa em questão, a Usiminas, iniciou suas operações há 40 anos, em Ipatinga, e Campos Soares está há quase 30 na companhia. Assumiu a presidência com menos de 20 anos de casa. E, detalhe: logo a seguir, em 1991, administrou o emblemático processo de privatização da siderúrgica, multiplicando seus lucros e tornando-a um modelo internacional de eficiência. Para Campos Soares, o manager, hoje, precisa ter a noção de que as companhias estão sendo responsáveis por mudanças em condutas e em códigos de ética no mundo inteiro. E que a condução do negócio, portanto, deve levar em conta detalhes como o pluralismo político e o respeito pelos direitos de minorias. Nas horas de folga, além de se dedicar aos dois netos, Campos Soares é um futebolista apaixonado. "Não dispenso uma partida de futebol com amigos e funcionários da empresa", revela.

O INÍCIO

"Sou formado pela Escola de Minas de Ouro Preto. A vocação para a engenharia de minas e metalurgia bem cedo se revelou em mim. Como conseqüência, talvez dessa força irresistível que desde os tempos coloniais impele o mineiro para as atividades mineradoras e siderúrgicas. Mas o apoio, o envolvimento e, principalmente, o estímulo dos meus familiares para que eu pudesse seguir confiante nessa direção foram fundamentais e continuam sendo em todas as minhas caminhadas."

LÁ FORA

"Depois, fui para a França, onde trabalhei como pesquisador do Irsid e consegui o título de doutor em metalurgia pela Universidade de Paris. Além de me despertar para a pesquisa, o doutorado consolidou os meus conhecimentos técnicos e ampliou também os meus horizontes profissionais. A distância e o convívio com profissionais estrangeiros revelaram de forma diferente o meu próprio país. Livre dos preconceitos e estimulado por um sentimento nacionalista, comum aos distantes da pátria, redescobri o Brasil na sua beleza e na grandiosidade do seu potencial. Ao retornar ao Brasil, fui coordenador de pesquisas industriais do Instituto Costa Sena, da Fundação Gorceix, onde tive contato com várias empresas. E em 1971 fui admitido na Usiminas."

A CARREIRA

"Comecei, no trabalho cotidiano, integrando equipes e convivendo com os sólidos princípios de uma cultura resultante da feliz combinação da mineiridade com a secular sabedoria japonesa. Encontrei nela o ambiente ideal para pôr em prática os meus conhecimentos técnicos e para compor, definitivamente, o meu perfil pessoal e profissional. A Usiminas ajudou muito a fazer de mim o que sou."

PASSO A PASSO

"Fui admitido como assessor do Departamento de Engenharia Industrial, tendo ocupado, sucessivamente, as chefias dos departamentos de Engenharia Industrial, de Laminação a Quente, de Laminação a Frio e de

Metalurgia e Inspeção, além da chefia da Produção. Fui alçado a chefe-geral da Usina Intendente Câmara, em 1983, e no ano seguinte fui eleito diretor de Operações, permanecendo nessa função até a minha indicação, em abril de 1990, para diretor-presidente da Usiminas, cargo que ocupo até hoje."

O DESAFIO

"No caso específico da Usiminas, a despeito da participação majoritária do setor público no capital acionário, a associação com os japoneses contribuiu decisivamente para o fortalecimento de um conjunto de diferenciais positivos que marcaram sua cultura, desde o início de suas atividades operacionais. No fim dos anos 1980, em relatório do World Steel Dynamics, sobre o desempenho de 153 empresas siderúrgicas de todo o mundo, a Usiminas foi a primeira entre as nacionais e a segunda do *ranking* mundial em termos de eficiência operacional. Destacaram-se como pontos altos de seu desempenho: a produtividade; a produção, que superava em 30% sua capacidade nominal; uma equipe altamente qualificada e comprometida com os objetivos empresariais; nível de endividamento adequado; e notável potencial de diversificação."

A PRIVATIZAÇÃO

"Sob o meu ponto de vista, pelos altos impactos institucionais, políticos, sociais e econômicos, as iniciativas de privatização foram objetos de controvérsias, muitas delas envolvendo posições radicais. Mas não foram as razões do desengajamento do Estado-empresário que estiveram no epicentro das discussões, muito menos os resultados presumivelmente superiores que as empresas privatizadas apresentariam do ponto de vista dos indicadores corporativos convencionais. O ponto crucial foi a preservação dos valores que legitimaram a ação empresarial do Estado, em especial a de mobilizar a empresa estatal como pólo de desenvolvimento e de afirmação civilizatória. Esta compreensão das implicações do programa de privatização levou-nos a separar com a maior nitidez possível, desde os primeiros instantes em que ele foi desencadeado, os valores que deveríamos preservar e os processos e práticas nocivas que teriam de ser mudados. Aqueles, ligados à responsabilidade social da empresa; estes, ao seu desempenho operacional. Compreendemos também que, se bem qualificados, escolhidos e válidos, os valores preservados dariam sustentação e ampliariam a eficácia das mudanças necessárias nos processos estratégicos e operacionais da empresa. Houve firmeza, transparência e consenso em torno dessas duas compreensões. Com esse entendimento, e livres das amarras que impediam a nossa expansão e desenvolvimento, partimos para a verticalização, para as parcerias, para os novos negócios, para as associações, para a competitividade internacional e para a modernidade, buscando o lucro legítimo e a digna remuneração do capital e do trabalho, sem perder de vista as nossas convicções éticas."

OS VÍCIOS ESTATAIS

"Reconhecíamos, também, que os valores acordados conviviam com um conjunto de vícios típicos das empresas estatais que dificultavam realinhamentos estratégicos e comprometiam a agilidade decisória e a eficácia gerencial. Estes necessitavam ser e foram removidos. A saber: a burocracia exacerbada; a acomodação de pessoas com processos e os modelos de gestão; o baixo compromisso com a geração de lucros e com o retorno dos acionistas; a crescente geração de processos gerenciais voltados para dentro, com menor ênfase para as transformações e as oportunidades externas; o isolacionismo defensivo, implicando aversão à reengenharia de negócios, alianças estratégicas, fusões e incorporações e a subordinação da estratégia empresarial a interesses; da estrutura do poder do Estado. Quanto ao *management* no setor siderúrgico, eu destacaria a instalação da direção profissionalizada, a simplificação, a flexibilização, a agilidade operacional, a atualização, traduzida pela busca de defasagem zero em tecnologia de produção e gerenciamento, a orientação para fora, com o desenvolvimento de operações internas compatíveis com as exigências do mercado, a ampliação do negócio e de seu horizonte estratégico."

A QUALIDADE TOTAL

"A Usiminas foi a primeira siderúrgica brasileira a conseguir a certificação ISO 14001 (meio ambiente), em 1996. Os passos para a certificação seguiram toda a orientação técnica necessária, comum a este tipo de processo, tais como: compilação e adequação de documentação, uma série de treinamentos em auditoria ambiental, revitalização da política de meio ambiente, levantamento e avaliação dos impactos ambientais, definição de objetivos, metas e planos de ação baseados nestas avaliações, formalização dos registros dos impactos ambientais, treinamentos de todos os empregados, ciclo de auditorias internas, implementação de ações corretivas, análises críticas dos processos, até chegar à auditoria de certificação. A partir daí, passamos a manter um programa de auditorias internas de acompanhamento das ações corretivas necessárias e periodicamente somos submetidos a uma auditoria externa de manutenção da certificação. Acreditamos que relações transparentes com a sociedade; a responsabilidade frente às gerações futuras; a auto-regulação de conduta; a compreensão das dimensões sociais dos atos econômicos básicos – produção, geração de renda, consumo e acumulação e a seleção de agentes e de parceiros inseridos em cadeias produtivas; principalmente o gerenciamento dos impactos internos e externos de suas atividades são alguns dos novos atributos a que as empresas devem responder. As visões estratégicas, os processos e, especialmente, as ações das empresas que não estiverem solidamente alinhadas a esses princípios dificilmente darão sustentação para o seu crescimento e a sua perpetuação."

A GESTÃO COMPARTILHADA

"O que é ser presidente de uma empresa conduzida pelo sistema de gestão compartilhada? É perceber a importância do papel atual das empresas como epicentro de um processo mundial de revisão de condutas e reformatação de códigos de ética. É ter a responsabilidade de gerir esta empresa garantindo eficazmente sua sobrevivência, seu crescimento e sua perpetuação dentro de um contexto marcado pelo pluralismo político, pela ascensão dos conceitos de cidadania, pelo mais agudo reconhecimento dos direitos civis, pela proliferação de organizações não-governamentais que se justificam pela defesa dos interesses atuais das minorias e das condições futuras de sobrevivência de todos. A questão aqui, no meu entendimento, não é que resultados se podem destacar neste novo tipo de gestão, mas, sim, em que questões-chave a empresa precisa focar para responder, de forma proativa, a toda esta diversidade de interesses e pressões a que está submetida. Dentro deste enfoque, as premissas são: neutralizar as ameaças à sua sobrevivência, ao seu crescimento e à sua perpetuação, entendendo o lucro não apenas como parâmetro – síntese de estratégia bem-sucedida e da gestão eficaz, mas, sobretudo, como um imperativo de fundamentação ética; corresponder aos imperativos legais que lhes são impostos; compatibilizar interesses privados e sociais, em cada um dos atos de gestão; desenvolver e implantar modelo *stakeholder* de resultados, alcançando maior número de contrapartes envolvidas ou alcançadas por suas ações; preservar as condições vitais das gerações futuras; valorizar a diversidade; disseminar os valores estabelecidos; e gerar valor para os acionistas."

O CAPITAL HUMANO

"A realidade que vivemos nos autoriza a afirmar que, na nova Usiminas, administramos sentimentos. O permanente testemunho dado pela empresa no culto da verdade, na sua conduta ética e na transparência dos seus atos, fez nascer na equipe confiança nos propósitos empresariais e desenvolveu em cada um dos seus membros sentimentos maiores, tais como: compromisso com o trabalho e com os resultados perseguidos; disciplina; lealdade; patriotismo; respeito total aos interesses públicos; e muitos outros. São esses sentimentos que impelem e incentivam as ações humanas, levando as pessoas a oferecerem o melhor delas mesmas e a buscarem realizar com perfeição as tarefas que lhes competem. Seguramente, este é o caminho certo para a conquista da melhor qualidade nos produtos e nas relações comerciais. Isso significa que as equipes não são administradas como se fossem cegas e, como tal, conduzidas de fora para dentro, em direção aos objetivos. Gerenciar sentimentos, segundo a nossa experiência, importa em despertá-los nas pessoas envolvidas, fazendo com que esses valores passem a atuar como força motivadora de suas ações no trabalho, no sentido de dentro para fora, e de forma consciente. Com absoluta convicção, afirmo que a razão do sucesso da Usiminas está nessa administração de sentimentos."

A RESPONSABILIDADE SOCIAL

"Uma das características mais marcantes da Usiminas, e que realmente me atraiu e fascinou logo nos meus primeiros contatos com ela, foi a sua ação civilizadora sem precedentes, que transformou em pouco tempo uma região absolutamente carente em uma das mais desenvolvidas do estado. A empresa conseguiu colocar no mesmo patamar de importância a construção da usina, a recuperação do meio ambiente e a qualidade de vida das comunidades envolvidas. A visão de um dos seus fundadores, Amaro Lanari Júnior, marcou profundamente a cultura da Usiminas quando ele afirmava, e compartilhava com todos os seus colaboradores, a idéia de que, paralelamente à construção da usina, usina de aço, estávamos construindo uma cidade, cidade de homens, e de que esta cidade e estes homens eram, em última análise, o grande e principal objetivo da Usiminas.

A força desta visão sobreviveu ao tempo, e todos os que tiveram a responsabilidade de gerir a empresa não tiveram dúvida da importância e do diferencial que esta idéia representava. Isto explica a importância que teve no período da privatização, a escolha dos valores a serem preservados, a busca de acionistas que compartilhariam estes mesmos valores e a vivência e exposição da Usiminas como empresa-cidadã. Entendemos que a responsabilidade social das empresas deixou de se limitar aos velhos conceitos de proteção passiva e paternalista ou de fiel cumprimento de regras legais, para avançar na direção da proteção ativa e da promoção humana, respondendo, necessariamente, a um sistema de valores éticos. Nosso grande propósito, hoje em dia, é evoluirmos o conceito de empresa-cidadã na direção da empresa-válida, construída através da geração de riquezas socialmente sancionáveis e da legitimidade do lucro realizado."

A GLOBALIZAÇÃO

"Precisamos ter a percepção de que os países que despontarão no mundo globalizado deste novo século serão aqueles que atuarem com determinação na remoção de práticas viciadas que comprometeram seus interesses e souberem ler, variável por variável, os resultados dos *rankings* globais de competitividade. Forte determinação nos *fronts* externos e visão estratégica no *front* interno é que diferenciarão, no contexto da globalização, os países vencedores e os perdedores. Como siderurgista, atuando no mercado internacional, percebo o desafio de migrar, definitivamente, de um país com vocação natural para um país com vantagens competitivas no setor siderúrgico suportadas por corretos fundamentos empresariais e por condições sistêmicas alavancadoras. E isto depende fortemente da integração de esforços da competência das empresas nacionais com o apoio do governo para superar as barreiras de proteção internacionais. A determinação e a rapidez de nossas respostas é que ampliarão a nossa inserção global e a nossa capacidade de competir em nosso próprio mercado."

A BUSCA PELA INOVAÇÃO

"A participação do *manager* em associações de classe contribui para a formação, primeiro pela oportunidade de discutir com outros públicos questões estruturais ou conjunturais que têm dificultado ou retardado a qualificação e a mobilização das potencialidades nacionais. Segundo, na tentativa de contribuir na busca de soluções para problemas que transcendem o interesse específico de minha área de atuação. Entendo que, como executivo, nosso maior desafio sempre tem sido o de definir diretrizes claras, inovadoras e transformadoras. Contribuir na busca de soluções relacionadas à dimensão socioeconômica da cidadania é não só um dever de ofício, mas um imperativo de nossa consciência como cidadãos."

RODOLFO LANDIM
PRESIDENTE DA PETROBRAS DISTRIBUIDORA (BR)

"O TRABALHO EXIGE MUITA PAIXÃO"

O engenheiro carioca Rodolfo Landim, 47 anos, é do time dos executivos que gosta de bater o ponto cedo e sair tarde. Presidente da Petrobras Distribuidora, a BR, assume seu posto às sete da manhã e só vai embora depois das nove da noite. "É preciso trabalhar muito, mas desenvolvendo um ambiente saudável, em harmonia com o que você faz", argumenta o executivo, que dedicou toda a carreira à Petrobras, onde ingressou em 1980. Fora do trabalho, Landim encontra satisfação, além da família, em atividades como pesca submarina e corridas à beira da praia. Mas não demora muito para confessar sua grande paixão. "Como todo brasileiro, adoro futebol. Infelizmente só jogo no fim de semana. Mas o sábado é sagrado", garante Landim, um torcedor que não perde uma partida do seu clube do coração, seja lá onde for. E abre o jogo: "Sou Flamengo doente mesmo, daqueles que têm cadeira cativa no Maracanã".

SAINDO DO MILAGRE

"Eu optei pela engenharia civil porque na época, em 1975, ainda estávamos sentindo os efeitos do chamado 'milagre brasileiro', e havia um amplo mercado de trabalho para engenheiros, uma demanda muito grande. Mas quando me formei pela Universidade Federal do Rio de Janeiro, no fim de 1979, isto já tinha mudado, e a situação já não era tão boa para quem tinha um diploma de engenharia. As principais oportunidades estavam nas empresas públicas, que ainda faziam concursos de seleção. Notadamente a

Petrobras, depois das descobertas da Bacia de Campos e no Nordeste. A companhia estava em franco desenvolvimento de sua atividade."

COMEÇO NO CHÃO DE FÁBRICA

"No início de 1980 fui selecionado para a Petrobras. Passei um ano estudando, fazendo um curso de engenharia de petróleo e estagiando na companhia, para conhecer as suas múltiplas atividades. Foi muito importante, para a minha carreira, terminar um curso teórico e passar a trabalhar no chamado chão de fábrica. Percorri unidades em Sergipe e em Alagoas, conheci plataformas de produção isoladas etc. Fiz todo um trabalho para descobrir todas as atividades técnicas. Isto me propiciou uma base muito grande, no futuro, para tomadas de decisão. Todos deveriam começar assim. Depois trabalhei na área de engenharia de reservatório. É ali que se define quantos poços se faz, de que forma. Chefiei esta área em diversas regiões do Brasil, do Nordeste à Bacia de Campos. Tive a oportunidade de conhecer todos os campos de petróleo que existiam na época, o que me deu uma base muito grande."

O APERFEIÇOAMENTO

"Em 1985, fui fazer um curso de pós-graduação em engenharia de petróleo na Universidade de Alberta, no Canadá. Analisar estudo de casos e a forma como as grandes companhias de petróleo do mundo atuam, de que forma definem suas políticas de gestão, me conferiu uma grande bagagem administrativa, que pude aperfeiçoar, anos depois, com uma pós-graduação em administração de negócios na Universidade de Harvard. Aliás, sempre gostei muito de estudar. Não paro de ler, de me aprofundar nas coisas. É uma outra característica de quem quer se manter com chances neste mercado. Mesmo depois, por exemplo, de me formar em um curso regular de inglês, decidi me formar também como professor. Foi excelente, porque estudei muita coisa ligada à área de ciências humanas, como psicologia, sociologia. Algo muito importante para minha formação não como técnico, mas como gerente, ao contribuir para a relação interpessoal, o que é importantíssimo para a carreira."

O ENVOLVIMENTO

"O executivo precisa se pautar por um relacionamento extremamente ético e profissional no seu trabalho. Quando se convive no meio de um grupo, isto é fundamental. Confiança se adquire, não se ganha. E se perde muito fácil. Também é preciso trabalhar arduamente com o objetivo de engrandecer ao máximo sua companhia. Não acredito em trabalhar sete, oito horas e dizer que está bom. É preciso trabalhar, e trabalhar muito. Procurar fazer tudo com paixão, desenvolver o ambiente de trabalho como algo saudável, para que esteja sempre em harmonia com o que você faz."

NA SELVA

"Em 1989, fui designado superintendente-adjunto de Produção em Sergipe e Alagoas. Tive a oportunidade de trabalhar com muitos funcionários qualificados e experientes, em um convívio que acrescentou muitíssimo à minha formação. Em 1992 assumi a Superintendência de Produção na Amazônia, onde fiquei até 1994. Foi completamente diferente, porque a companhia estava começando a desenvolver o Campo de Urucu. Havia um foco grande na logística, já que trabalhávamos no meio de uma floresta tropical. O segredo é fazer um grande planejamento. Os custos de transporte são enormes, e a operação é realizada quando os rios estão cheios. Sem isto, não se consegue levar as grandes cargas."

QUALIDADE TOTAL

"Fui gerente-geral da Bacia de Campos durante quatro anos e meio. Tive a felicidade de contribuir para o auge do desenvolvimento da região. Quando cheguei lá, a produção era de pouco mais de 400 mil barris/dia, e quando saí passavam dos 900 mil barris diários. Os preços estavam baixos, no fim dos anos 1990, e o grande desafio era desenvolver e ampliar a produção numa conjuntura desfavorável. Tivemos de levar adiante este trabalho, tendo em vista uma forte preocupação com a redução de custos. Uma das grandes ferramentas, um segredo do grande sucesso que tivemos, foi a implantação da gestão pela qualidade total. Iniciamos um processo que levou à certificação completa da unidade."

O CAPITAL HUMANO

"Todo gerente que trabalha na Petrobras tem uma bênção: é uma empresa que tem uma qualificação altíssima dos empregados, na comparação com o mercado. Pessoas altamente qualificadas e motivadas. Praticamente todos eles têm orgulho de trabalhar na companhia, acreditam que fazem parte de um processo de construção de algo maior. A imagem da Petrobras está muito associada à imagem do Brasil."

O DESAFIO DA ABERTURA

"Um dos grandes desafios da Petrobras, e de minha carreira, ocorreu a partir da sanção da Lei 9.478, de 1997, que estabeleceu as bases para a abertura do mercado de petróleo e gás natural. Dois anos depois começaram os leilões de áreas para exploração, desenvolvimento e produção. Tínhamos recursos limitados para investir, e uma grande atividade a cumprir. Boa parte dos investimentos realizamos com recursos próprios, e em outros projetos buscamos parcerias. Isto representou uma experiência nova, uma fase rica, porque tivemos contato com a forma de trabalho de outras empresas do mundo. Para o quadro técnico foi importante, ao agregar mais conhecimento. Aliás, havia um certo receio da sociedade sobre a situação da Petrobras em um ambiente de competição. Mas nesses quatro anos de abertura do mercado, os resultados mais importantes estão em áreas da Petrobras. Isto mostrou o quanto é importante estar preparado para novos desafios."

GESTÃO DE CRISE

"Em janeiro de 2000, ocorreu o vazamento de óleo combustível na Baía de Guanabara. Fui convidado pela presidência da companhia para coordenar todas as ações relativas ao acidente. Eu trabalhava na área de Exploração e Produção, e não tinha relação direta com o problema. Mas fui chamado para conduzir a formação de uma força-tarefa. Foi um trabalho curto e intenso, porque se exigia uma pronta resposta da companhia. Formamos uma estrutura interna, criamos frentes de ação que incluem a limpeza da água, costões e praias da baía, o monitoramento de eventuais danos ao meio ambiente etc. Com esta pronta iniciativa, pudemos reduzir em muito os danos, o que foi comprovado mais adiante. Também houve uma grande preocupação social com as comunidades afetadas, como colônias de pescadores ou pessoas que viviam da atividade turística. Desenvolvemos iniciativas para identificar e indenizar essas pessoas. E ainda nos dedicamos a fornecer informações aos acionistas e à imprensa em geral, além de manter o relacionamento com representantes do Congresso e da Assembléia Legislativa. Foi uma experiência muito rica. A força-tarefa somava 3.400 pessoas. Se, por um lado, existiu o problema, por outro houve uma demonstração enorme da capacidade de mobilização da Petrobras."

A VISÃO GLOBAL

"Logo depois, em abril de 2002, assumi a presidência da Petrobras Gás, a Gaspetro. O maior desafio foi juntar a atividade de gás, que estava toda fragmentada dentro da companhia. Antigamente, o planejamento ficava em um órgão, a comercialização em outro e a distribuição em outra parte, o transporte idem. E, enquanto o petróleo é uma *commodity*, a indústria de gás, para ter segurança no desenvolvimento, precisa possuir a visão de rede, que envolve inúmeros investimentos. Essa atividade, então, não conseguia florescer na Petrobras e, em paralelo, no Brasil. Foi a primeira grande estrutura dentro da companhia onde todos os assuntos relativos à atividade gás foram colocados sob uma mesma gestão, o que permitiu uma visualização integrada de toda a cadeia produtiva. Em menos de três anos pudemos conquistar um período de crescimento bastante significativo, inclusive em segmentos como o gás veicular, o que me deixou bastante gratificado."

NO VAREJO, COM ÉTICA

"Em janeiro de 2003, fui nomeado presidente da Petrobras Distribuidora, a BR. Agora estou na ponta, no varejo. É um negócio que tem dois grandes segmentos: um automotivo, através dos postos de gasolina, e outro no mercado consumidor, com os clientes diretos. É um desafio muito grande. Principalmente tendo de sobreviver em um segmento onde existe, digamos, uma certa concorrência desleal, por conta da prática de sonegação fiscal. Mas enfrentaremos isto mantendo as regras éticas de comportamento que sempre marcaram a atuação do Sistema Petrobras."

SÍLVIO CORRÊA DA FONSECA
DIRETOR-SUPERINTENDENTE DA LINCX SERVIÇOS DE SAÚDE

O MARKETING DO CLIENTE BEM ATENDIDO

Em 1970, o jovem Sílvio Corrêa da Fonseca entrou para a Faculdade de Medicina de Santos. Foi morar em uma república de estudantes, com mais 11 colegas. Começava a formação de um futuro executivo da área médica, que em 1994, com outros três ex-colegas de república, montou em São Paulo seu próprio negócio, a Lincx, um dos mais bem-sucedidos planos de saúde do mercado brasileiro, que desde o primeiro dia deu o foco na excelência do atendimento aos associados. "Foi a melhor experiência de minha vida. Percebi que tinha muita facilidade de agregar pessoas ao meu redor", diz Sílvio, lembrando-se dos tempos da república. O hoje diretor-superintendente da Lincx declara que prestou vestibular para medicina por influência do pai, também médico. "Eu o acompanhava muito no consultório, desde moleque", lembra.

O INÍCIO

"Depois de me formar, em 1975, fui para a Faculdade de Medicina da Santa Casa de São Paulo fazer um curso de especialização em oftalmologia. Foi quando passei a me dedicar exclusivamente à medicina na parte oftalmológica. Nunca gostei de fazer uma coisa única. Então, ao mesmo tempo, comecei a desenvolver meu consultório de oftalmologia e ainda dava plantão no pronto-socorro, fazia parte da emergência do Hospital São Luiz. Eu gostava muito de ajudar nas cirurgias de outras especialidades, então consegui ficar com uma visão bem geral de todos os aspectos da medicina, inclusive da parte ambulatorial, mesmo nas demais clínicas."

O PRIMEIRO DESAFIO

"Comecei a ter sucesso dentro do meu consultório, mas nunca imaginei que pudesse vir a me desviar no futuro para uma atividade administrativa. Fui convidado, em 1984, para ser gerente-médico de um plano de saúde, a Omint Assistencial. Quando assumi o cargo, não tinha a mínima noção do que me esperava. Logo nos primeiros seis meses, a pessoa que havia me contratado para esse cargo resolveu ir trabalhar nos Estados Unidos e a empresa me convidou para ser o gerente-médico do Brasil. Foi um desafio maravilhoso."

O GOSTO PELA ADMINISTRAÇÃO

"Estava lidando com a área administrativa e tomei um gosto por aquilo porque não era uma coisa tão parada como o consultório. Eu tinha contato com todos os diretores de hospitais, com todos os médicos importantes da cidade de São Paulo, e comecei a desenvolver, também, vários contatos com a classe médica do Rio de Janeiro. Aquilo me entusiasmou muito, porque passei a perceber que basta querer, ter vontade, que você consegue aprender o que você quiser. Saí de uma coisa totalmente estática, que era o consultório médico, para um cargo administrativo que fundamentalmente necessitava de relacionamento. Comecei a notar que tinha uma facilidade muito grande para relacionamentos, comecei a fazer amigos em todos os hospitais, laboratórios de São Paulo. Fiquei 12 anos nesse emprego, até 1993."

O RELACIONAMENTO

"Meu primeiro grande desafio na área administrativa foi justamente desenvolver todo o relacionamento médico de uma empresa que estava entrando no Brasil. Eu teria de fazer algo totalmente diferente do meu dia-a-dia, desenvolver relacionamento com outros médicos, com outros hospitais, diretores de hospital. Uma coisa que naquele momento para mim parecia extremamente difícil. Comecei a perceber que não era tão difícil, bastava você querer. Indo atrás, tendo um objetivo, conseguia atingir o resultado. Nesse período que fiquei lá, consegui levar essa empresa a ser reconhecida no meio médico como um dos melhores planos de saúde de São Paulo."

O GRUPO

"A minha visão, naquela época, era de que eu precisava estar rodeado ou trabalhando com as pessoas que eu acreditava. E fui procurar os meus colegas de república. Já que nós tínhamos contato, eram médicos de minha total confiança, e pessoas que eu admirava, levei-os para trabalhar comigo. Quando eu saí, em 1993, todos esses colegas me seguiram: Alceu Domingos Ianni, que é nosso diretor administrativo financeiro; José Carlos Cortez Gonçalves, que é nosso diretor de auditoria médica; e Jair Monaci, que é nosso diretor de relacionamento médico."

MONTANDO A EMPRESA

"Na mesma hora, nós quatro nos vimos num impasse. Nós adquirimos, durante esse período todo em que ficamos na empresa, um gosto muito grande pelo que fazíamos. Um mês depois de termos deixado a empresa, chegamos a uma conclusão: se nós desenvolvemos esse trabalho para uma outra pessoa, para uma outra empresa, por que não montar um negócio próprio? Aí começaram a surgir os grandes desafios! Eu fazia a parte de gerenciamento da área médica. E da noite para o dia precisaria aprender toda a parte administrativa, financeira, recursos humanos, o departamento de comercialização, de vendas. Consegui provar para mim mesmo que tudo isso era possível. Em seis meses, em janeiro de 1994, montamos a

Lincx Serviços de Saúde, que é uma empresa nossa, junto com um grupo acionário muito forte. Nós somos 19 acionistas – temos empresários, diretores de bancos, diretores de construtoras e muitos amigos de infância que resolveram nos apoiar nessa nova empreitada, acreditando principalmente em pessoas."

OS DIFERENCIAIS

"Montamos um plano de saúde totalmente diferente do que existia no mercado. Nosso plano foi calcado, principalmente, na idéia de que existiram, existem e sempre existirão cada vez mais pessoas que vão exigir algo diferente, que vão querer qualidade. Desenvolvemos um produto para atingir um nicho específico do mercado, as classes A e B. Em vez de médicos recém-formados, nós íamos trabalhar sempre com bons professores, os melhores médicos de São Paulo, os mais conceituados hospitais. E íamos acreditar na força do marketing boca a boca. Então, desde o primeiro dia da empresa, voltamos toda a nossa direção no cliente bem atendido. Se nós tivéssemos um atendimento diferente, um atendimento com uma qualidade extrema, esse cliente ia divulgar nossa empresa. Nós jogamos tudo nessa filosofia, no marketing boca a boca."

A INSPIRAÇÃO EM ROLIM

"Se for para dizer em quem me inspirei muito – muita coisa que eu li – foi principalmente na TAM, no comandante Rolim. De uma hora para outra, percebi que a TAM surgiu e em pouquíssimo tempo todo mundo falava dos diferenciais da companhia. Parece brincadeira, mas o fato do tapete vermelho e de o comandante Rolim receber seus passageiros na porta, aquilo era um marketing boca a boca fantástico. Comecei a ler tudo a respeito de como o comandante Rolim imaginava a TAM, como ele a via. E inclusive muitos exemplos dele, do que ele fazia na TAM, comecei a fazer na minha empresa. Passei a ler tudo que você puder imaginar sobre marketing, qualquer livro de marketing, de desenvolvimento de empresa: Al Ries, Philip Kotler, li tudo. Passei a me dedicar à parte de marketing, li tudo! E passei a desenvolver esse trabalho de buscar o atendimento da melhor qualidade, mas não o que eu achava, sempre na visão de como o cliente podia ver o meu serviço."

A ESTRUTURA

"Acreditei piamente que, para qualquer empresa de plano de saúde que pudesse existir no mercado, era fundamental a informática. Desde o primeiro dia, a empresa nasceu totalmente informatizada. Outra característica fundamental: uma ética total no mercado em relação aos médicos, à classe médica. Nós somos a empresa que melhor remuneramos os colegas médicos no mercado. Atendemos os colegas como se fossem parceiros da empresa. Por exemplo: quando vamos pagar um procedimento, a gente conversa com o colega, vê se está bom o que estamos pagando, se ele acha que está justo, se não está. Com isso transformamos os colegas médicos nos principais indicadores do nosso plano. Hoje, o boca a boca é feito pelo cliente bem atendido, é feito pelo médico, porque ele é mais bem remunerado e tem um relacionamento extremamente ético com a empresa. E a empresa tem um relacionamento ético com ele, com os prestadores de serviços, hospitais, laboratórios e clínicas. Por quê? Porque temos com os diretores desses hospitais, laboratórios e clínicas o mesmo atendimento que temos com os nossos clientes. E nunca atrasamos um pagamento sequer."

MEDINDO A SATISFAÇÃO

"Em 2001 contratamos uma empresa de pesquisas, a Demanda. O resultado foi que 98,7% dos nossos consultados classificaram o nosso produto como excelente ou bom. Isso, para plano de saúde, é excepcional, não existe. Nós nunca tivemos uma reclamação no Procon, uma reclamação no Idec, nada. As baixas que os nossos clientes têm na Lincx são por problemas financeiros. Quando os associados deixam o plano, 50% deles pelo menos mandam uma carta agradecendo o atendimento que tiveram na Lincx, dizendo que esperam voltar um dia."

CONTROLANDO AS CONTAS

"O setor de planos de saúde hoje é extremamente delicado. Só dá para ter sucesso se você tiver um controle completo dos gastos, ou seja, totalmente informatizado, e um acompanhamento permanente por médicos. Este talvez seja o grande diferencial da nossa empresa, porque todos os cargos executivos da empresa são de médicos. Nós acompanhamos o cliente desde o momento em que ele solicita uma ordem de internação até o momento da alta. Nós temos que fazer alguma coisa diferente. Então, em termos de marketing, visitamos, um dos diretores acompanha todos os clientes internados."

PORTAS ABERTAS

"Por exemplo: tenho um canal totalmente aberto com meu associado. Todo associado da Lincx -- aqui nós chamamos de beneficiário, não chamamos de associado – a qualquer momento, querendo falar comigo, eu recebo pessoalmente. Talvez a minha principal função seja atender aos clientes. Temos um jornalzinho em que há um editorial onde tem a minha fotografia e um editorial que faço para os nossos beneficiários. Ou seja, a Lincx mostra a cara de quem é a Lincx. Se você quiser falar com o diretor ou dono de qualquer outro plano de saúde, você não consegue passar do guichê. Hoje a empresa tem 10 mil beneficiários, aproximadamente."

O CAPITAL HUMANO

"Ocupo cerca de 40% do meu tempo motivando os funcionários. Muitos deles já estão comigo há 20 anos, já vieram da minha outra experiência profissional, me acompanharam e vieram me ajudar a desenvolver a Lincx. Hoje a empresa tem 35 funcionários. Nós temos também uma sede em Londrina, no Paraná, temos uma sede no Rio de Janeiro, e temos uma filial em Alphaville. E o nosso negócio não é ser massificado. Nosso objetivo é um dia ter 30 mil famílias. Ou seja, mais ou menos 90 mil beneficiários. Este é o número máximo que planejamos para nossa empresa. Por quê? Porque queremos dar sempre o atendimento que damos hoje. Então, a nossa infra-estrutura primeiro está sendo montada, para depois a gente adquirir novos sócios. Nosso crescimento é calcado principalmente na qualidade. Nós não abrimos mão da qualidade. Nós jamais vamos ser o maior plano de saúde, mas nós queremos ser o melhor. Hoje já somos reconhecidos como o melhor."

AS PROMOTORAS

"Nosso plano é comercializado por senhoras da sociedade. Temos 35 promotoras, que são senhoras altamente relacionadas, que se dedicam a comercializar o nosso produto. Automaticamente, não vendemos planos através de corretores. Então, esse contato inicial da minha corretora, da minha promotora com o cliente, já vai selecionando o ingresso das pessoas. Qual a primeira providência? Começar a vender para pessoas conhecidas. Então, iniciamos através do *network* pessoal de cada um, começamos a vender para os amigos. Conseguimos formar uma base de clientes selecionada, que foi nos dando uma sustentação. E são as promotoras que fazem a interface com o cliente. Qualquer coisa que o beneficiário sinta, ele tem um acompanhamento permanente dessas promotoras. Então, ele tem um problema: 'Meu filho vai ser operado'. A promotora: 'Pode ficar tranqüilo que eu vou à Lincx, ligo lá, mando a ordem de internação para o hospital'."

O LADO SOCIAL

"Temos tido atitudes muito focadas. Como nosso nicho é classe A e B, temos procurado fazer eventos que atinjam exatamente esse público.

Então, fizemos eventos no Helvétia Pólo Clube, que é o clube de pólo mais famoso de São Paulo, porque nosso público está lá. Temos um evento em Campos de Jordão, em julho, o Marketing Plaza de Campos de Jordão, um evento com o João Dória, onde temos um estande dentro do *shopping*. Então, são coisas diferentes. Mas também temos nosso engajamento em ações de responsabilidade social. Como um programa diário na Jovem Pan, o 'Lincx Jovem Pan Cuidando da sua Saúde'. Todo dia esse programa tem um médico falando sobre algumas atividades, sobre alguma novidade da medicina, sobre um tratamento. Temos procurado nos colocar, mesmo nos meios de comunicação, não do ponto de vista comercial, mas sim em termos de utilidade pública, prestando algum serviço. Estamos, junto com a Jovem Pan, na 'Campanha pela Vida, Contra as Drogas', que já atingiu mais de 30 mil crianças em todos os colégios da periferia de São Paulo. Temos levado um drogado e um psiquiatra para responder às perguntas dos adolescentes e o drogado contar sua história. Estamos fazendo uma campanha em Alphaville, 'Uma Educação Continuada Contra a Aids', em que levamos o Dr. Davi Uip, que é uma das maiores autoridades sobre Aids no país, junto com um aidético. Ou seja, somos uma empresa plenamente alinhada com iniciativas de responsabilidade social."

WILSON FERREIRA JR.
PRESIDENTE DA CPFL ENERGIA

"O IMPORTANTE É TRABALHAR COM A VERDADE"

No início dos anos 1970, do alto de seus 12 anos de idade, Wilson, um garoto fascinado por usinas de força, garantia à mãe que um dia iria trabalhar nas Centrais Elétricas de São Paulo, a Cesp. A promessa resistiu a dois testes vocacionais antes do vestibular, que apontaram a medicina como a carreira a seguir. "Não conseguia me imaginar trabalhando em hospitais, que freqüentei 17 anos por conta de crises de bronquite", diz hoje o executivo Wilson Ferreira Júnior, presidente da CPFL Energia, que se formou em engenharia elétrica e cujo primeiro emprego foi justamente na Cesp, onde entrou como estagiário, em 1981, e chegou a diretor. Ferreira Jr. comandou processos de reestruturação como o que preparou justamente a Cesp dos seus sonhos de infância para a privatização, em 1998. E, nesses casos, ensina, é importante a sinceridade. "A empresa estava condenada a quebrar, o ajuste tinha de ser feito", recorda. Fora da CPFL, nos fins de semana, Ferreira Jr. se dedica à "profissão" de pai. O filho, de seis anos, ainda não demonstrou nenhum interesse especial por usinas. "Por enquanto, ele gosta mesmo é de jogar bola e brincar com videogames", garante.

O INÍCIO

"Quando entrei na Cesp, a empresa tinha 15 anos e começava a entrar em um ciclo de maiores oportunidades, em conseqüência da crise do petróleo. Ingressei em uma área que se dispunha a trabalhar as indústrias, para fazer frente a um processo de substituição de importações. Então, comecei a ter uma visão comercial importante. Acho que isso acabou me levando para o lado da administração. Entendi claramente qual era a função de uma empresa de distribuição: não é pura e simplesmente fornecer energia elétrica, mas entender o que está acontecendo com o cliente, para poder fornecer a energia como matéria-prima e como produto de lazer, conforto etc. Ter essa visão mais de mercado."

A DIFERENÇA

"Aparentemente, o produto energia elétrica é igual em todas as distribuidoras. Na realidade, no entanto, existem grandes diferenças, que começam na forma como a energia elétrica chega na casa de cada pessoa – e isto tem a ver com a regularidade no fornecimento da energia, com a ausência de variações na tensão elétrica, e terminam com a qualidade dos serviços que a empresa oferece, na velocidade de resposta ao atendimento às solicitações de serviços dos clientes. Isto requer logística adequada de execução de serviços, suporte tecnológico e principalmente pessoas capacitadas e motivadas para desempenharem o seu papel. Agilidade, competência, qualidade e motivação das pessoas são as palavras-chave nesta equação."

O CONSUMIDOR

"A energia elétrica é hoje um insumo fundamental para a sociedade. Agiliza a vida das pessoas, proporcionando conforto e bem-estar. Movimenta a indústria, o comércio e os serviços. Apóia o poder público no fornecimento de serviços públicos essenciais, como saúde, água, esgoto e iluminação pública. Enfim, é um bem essencial. Nessa direção, os consumidores, não importa em que segmento do mercado se encontram, são o foco permanente de atuação de uma distribuidora de energia que não pode simplesmente trabalhar para que seus clientes consumam mais energia, muitas vezes com desperdício. Por outro lado, nossas empresas vendem energia, e nossa rentabilidade está fortemente vinculada ao volume de energia comercializada. Obviamente, a rentabilidade desse negócio também depende do custo operacional da empresa. E a parcela da tarifa que permanece em poder da distribuidora historicamente é muito pequena. Precisamos vender muita energia para assegurar uma rentabilidade mínima para o negócio. Esses fatores aumentam muito a nossa responsabilidade. Precisamos vender mais energia, ampliar nosso mercado, mas temos também que ser absolutamente responsáveis por fazer com que os nossos clientes obtenham a melhor relação custo-benefício e a melhor produtividade em cada quilowatt-hora que consomem. Isto vale para os grandes consumidores industriais, que, como nós, precisam também ter processos produtivos eficientes e rentáveis. E vale também para um cliente residencial para quem a economia pura e simples implica, invariavelmente, abrir mão do conforto e do bem-estar proporcionados pela energia elétrica e a baixa eficiência no uso da energia aumenta o seu custo. O segredo está aí: quanto maior a produtividade e a eficiência da energia elétrica para cada cliente, menor será o custo dessa energia para ele. Uma distribuidora de energia tem que auxiliar cada um dos seus clientes a encontrar a melhor solução para esta equação e isto se faz com muita disposição, com comunicação e informação."

BUSCANDO CAMINHOS

"Em 1985, eu já era engenheiro júnior e estava com uma boa experiência. Na época, através de concurso, fui promovido a chefe do Setor de Processos Eletrotecnológicos, cargo que assumi em 1986. A missão do setor era identificar de que forma os grandes consumidores industriais e comerciais poderiam utilizar melhor a energia elétrica, dar mais produtividade a cada quilowatts-hora comprado, e quais os processos. Era uma época em que se usavam caldeiras, tinha aquela coisa da eletrotermia, de se utilizar eletricidade para produzir calor por vários processos – bomba de calor, caldeira elétrica, fornos a água, plasma, laser. Então, você tinha elementos tecnológicos para poder dar mais produtividade. Tinha-se que demonstrar ao industrial que aquilo poderia trazer uma vantagem a ele. Ele pagava aquele investimento em tecnologia pela produção dos custos que ele tinha em eletricidade ou com outro combustível, com óleo combustível, por exemplo."

INOVANDO

"No fim de 1986, teve início uma crise de abastecimento de energia elétrica. Foi a época da primeira grande seca que tivemos na Região Sudeste. Veja a oportunidade: entra uma política voltada para conservação de energia. O desenvolvimento não era nem para vender mais, era um aperfeiçoamento do que a gente fazia no processo eletrotecnológico, mas tentando fazer de uma forma mais ampla, junto às residências. Lembro que a primeira luminária reflexiva fomos nós que desenvolvemos lá na Cesp: o reator eletrônico. Era essa área que a gente comandava. Nós fizemos um trabalho de desenvolvimento tecnológico, usando a FDTE, que é uma fundação ligada à USP, Fundação para o Desenvolvimento Tecnológico de Engenharia. É aí que se começam a criar essas alternativas que já existiam no mundo e não existiam no Brasil. Começamos a fazer projetos de substituição: grandes escritórios, utilizando-se desse tipo de luminária, reduziam a carga de iluminação à metade. É a época em que os fabricantes começam a trazer, incentivados por políticas de substituição, lâmpadas mais eficientes."

MUDANÇAS

"Em 1988, concluí meu bacharelado em administração e comecei a ter uma visão muito mais sistêmica das empresas, do desempenho da companhia. Também veio um momento de mudança na empresa. Passei a gerente da Divisão de Aplicação e Conservação de Energia, que incluía três setores: o de Processos Eletrotecnológicos, outro voltado para residências e mais um voltado para comércio e poderes públicos. Passei dois anos lá, e foi um trabalho exitoso porque não houve o racionamento em 1986. As ações que foram desenvolvidas acabaram conseguindo surtir efeito e só a racionalização foi suficiente."

AO DIPLOMA

"Como a coisa estava mais ou menos estabilizada, recebi um desafio: sair da área comercial, e reestruturar a engenharia de distribuição, no Departamento de Engenharia. Eu até brincava dizendo que, naquela altura, pela "prática" em engenharia, eu já poderia dizer que era aquele engenheiro que toma choque em radinho de pilha. E entro, em 1990, em um momento em que a produtividade da empresa era uma das mais baixas entre as distribuidoras de energia. Entrei como gerente de departamento, a posição de carreira mais alta na companhia, abaixo apenas dos diretores e do presidente. Eu tinha 30 anos de idade, era o gerente de departamento mais novo da Cesp e passei a ser o responsável por uma área bastante grande, que tinha 350 empregados. Era o departamento mais relevante, o que comandava os investimentos da empresa, coordenava o que tinha que ser feito, responsável por todos os indicadores de qualidade da empresa, esse que a Aneel acompanha. E fui para uma missão de reestruturar mesmo. Quer dizer, entendia-se que a empresa estava com seus processos de alguma forma comprometidos, não produzindo os resultados que se desejavam, aquilo tinha que ser mudado. Então, fomos para lá com o desafio de mudar. E mudar dando o exemplo para a empresa de distribuição. A empresa foi reestruturada. Fiquei nesse departamento por cinco anos, de 1989 a 1994."

QUALIDADE

"Nesta época, as empresas começam a despertar mais seriamente para a qualidade e produtividade. Eu estava lendo um livro de W. Edwards Deming, um americano que em 1950 foi para o Japão para fazer uma série de conferências sobre controle da qualidade, tornou-se uma das maiores autoridades mundiais no assunto e inspirou a criação de um prêmio de qualidade. E a primeira empresa de fora do Japão a receber o Prêmio Deming foi a Florida Power & Light, em 1989. Por coincidência, a Cesp trouxe ao Brasil consultores que levaram a empresa a conquistar aquele prêmio máximo de qualidade. O governo começava a lançar o Prêmio Nacional de Qualidade e já estávamos à frente, trazendo tecnologia etc. Essa foi uma vantagem competitiva extraordinária da Cesp. E o resultado foi excelente na área de engenharia e junto às nossas regionais. No início, os indicadores de Duração e Freqüência (DF) das interrupções, no caso da Cesp, eram da ordem de 15 a 16 horas/ano por consumidor. Em 1994, o DF da companhia era de nove horas. É uma redução extraordinária."

NOVO DESAFIO

"Nessa época de 90, começo a fazer um mestrado na área de energia, na USP. O coordenador do curso era David Zylbersztajn, que depois foi nomeado secretário de Energia do estado de São Paulo. Ele estabeleceu como critério que todas as diretorias técnicas das empresas, essas que chamam de unidades-fim, fossem ocupadas por profissionais de carreira. Era a primeira vez que isso acontecia de uma forma sistemática. Acabei sendo indicado, e em 1995 fui ser diretor de Distribuição da Cesp, na época já com um projeto que tinha desenvolvido ao longo do mestrado para reestruturar a empresa de distribuição. Isto dentro de um modelo de privatização que era uma das alavancas de valor que David trazia como forma de resolver os problemas econômicos do governo do estado."

UM PLANO DE AÇÃO

"O presidente da Cesp era Andrea Matarazzo. Então, acabamos fazendo algo mais abrangente, discutindo com a empresa, com a Cesp inteira: o Plano de Ação, que preparou a empresa para a privatização. A folha de pessoal foi reduzida de 21 mil para pouco mais de 8 mil empregados em dois anos. Foram oferecidas oportunidades de reciclagem para as pessoas, preparações com incentivos à aposentadoria. Fizemos PDVs que indenizavam adequadamente as pessoas. Tudo foi tratado com muita decência. Negociamos sempre nos sindicatos, não foi uma coisa feita à revelia de ninguém; foi feita sempre de forma negociada e com respeito à lei. Na reestruturação, usinas foram concluídas, a Cesp tornou-se um exemplo de eficiência em todas as atividades, particularmente na distribuição. Implantou o *call center*; foi a primeira empresa brasileira a ser certificada com o ISO 9000. E a produtividade mais que dobrou, passando de 250 para 600 clientes por empregado. Tudo isto entre 1995 e 1997. Foi um período espetacular."

NO SETOR PRIVADO

"Em fins de 1997, a Cesp já estava preparada para a privatização. E eu vinha recebendo algumas propostas de trabalho na área da iniciativa privada. Por entender que já estava terminado meu trabalho, quis deixar a empresa. Saí da companhia um dia antes da abertura do *data room* da empresa, uma das etapas para o leilão de privatização. Aliás, a empresa seria privatizada com um ágio de quase 100%, o maior pago até hoje por uma empresa de energia elétrica no Brasil. E assumi a presidência da Rio Grande Energia (RGE), no Sul do país. Era uma empresa que tinha sido privatizada havia seis meses. Foi bem interessante, porque conseguimos fazer coisas que jamais imaginamos fazer numa empresa pública, pelas limitações que se tinha – até de quadros. Mas, de 2.400 pessoas, da força de trabalho de 800 próprios e 1.600 de terceiros, acabamos ao longo de dois anos com 1.400. Mil pessoas a menos, sendo 1.100 próprios. Foi feito o primeiro *call center* certificado brasileiro. Os indicadores de interrupções, da ordem de 40 horas, foram reduzidos a menos da metade. Na verdade, chegamos a praticamente 16 horas. Quando nós entramos, tínhamos 860 mil clientes, e estabelecemos como desafio da companhia em três anos atingir 1 milhão de clientes, ligar o dobro do que se ligava normalmente na mesma área. E isto foi atingido. A RGE foi apontada, nas pesquisas da Aneel, a empresa com o maior nível de satisfação por clientes. E a primeira a atingir mil clientes por empregado."

NOVA MUDANÇA

"Em 2000, com a RGE operando com todos os processos regularizados, recebo o desafio presidir a CPFL. Havia muito potencial de melhoria da empresa, apesar de ter sido feita a reestruturação. A ponto de a gente conseguir negociar com os sindicatos um programa. Nós dissemos: temos que fazer crescer essa companhia, expandir, fazer um planejamento estratégico, definir para onde ela deve ir. Nós sentíamos que as pessoas da companhia queriam que a empresa fosse diferente. Foi feita uma reestruturação em que a ótica era a cada três meses você fazer um PDV. Começamos a definir visão, missão, valores que a gente combatia, planejamento estratégico, o que tinha que melhorar, o que estava bom, qual a tecnologia que tinha que ser incorporada, se os processos de trabalho estavam adequados ou não, programa de reciclagem de profissionais, treinamento, capacitação. A companhia vivia muito do seu passado. As pesquisas mostravam que nós não estávamos bem, os empregados estavam mal. Então, era preciso mudar. A CPFL tinha 22 centros de operações, 18 almoxarifados, 120 escritórios de atendimento! Quer dizer, a reestruturação não tinha sido feita. Fizemos a reestruturação em três meses. Aqueles 22 centros de operações se transformaram em um, operando com geração, transmissão e distribuição. Hoje, temos as mais modernas instalações do setor elétrico, e tudo com a participação dos empregados, que estão sempre interagindo, com os sindicatos. São empregados que se cotizaram, receberam seu PDV e criaram empresas para prestar serviços à companhia. E prestam serviço à companhia em condições melhores. É um conjunto de coisas novas feitas de forma diferente."

A RESPONSABILIDADE SOCIAL

"Na CPFL definimos que os diferenciais que nos farão ser mais competitivos são a agilidade, a confiabilidade e a responsabilidade social. Nossa responsabilidade social precisa ter um caráter muito abrangente. Precisamos ser transparentes em nossos processos de comunicação e informação à sociedade. Precisamos colocar a qualidade a serviço da satisfação dos clientes e precisamos gerenciar permanentemente os impactos dos nossos negócios nas comunidades e no meio ambiente. Há um caso que explica bem essa questão de gerenciamento do impacto ambiental e que pode ser citado como o pior e o melhor exemplo: em 1998, foi feita uma poda radical nas árvores de uma avenida em Campinas. Por muito tempo, a repercussão foi desastrosa para a empresa. Quando assumi a empresa, em 2000, decidi transformar este caso em uma aprendizagem para nós. Recuperamos toda a região afetada e fizemos a reurbanização da avenida, devolvendo-a para a população muito melhor do que antes da nossa intervenção. Agregamos valor na solução de um problema. A partir disso, também desenvolvemos um grande projeto interno que nos levou à conquista de certificação ISO 14000 para essa área de convivência entre arborização urbana e redes elétricas. Esta ação é constantemente citada como um exemplo. Também na área de meio ambiente mantemos um grande programa de gerenciamento de destino final de resíduos, de licenciamento ambiental para os nossos empreendimentos, de arborização urbana – são 300 mil árvores plantadas por ano – e de repovoamento de rios e reservatórios, com a soltura anual de 350 mil alevinos. Hoje, temos uma visão abrangente de cidadania empresarial."

Impresso por:

Tel/Fax: (21) 2159 7979
E-mail: edil@edil.com.br